AF232151

LA FRANCE CANADIENNE

PARIS. — E. DE SOYE ET FILS, IMPR., 5, PL. DU PANTHÉON.

LA
FRANCE CANADIENNE

LA QUESTION RELIGIEUSE

LES RACES FRANÇAISE ET ANGLO-SAXONNE

PAR

J. GUÉRARD

EXTRAIT DU *CORRESPONDANT*

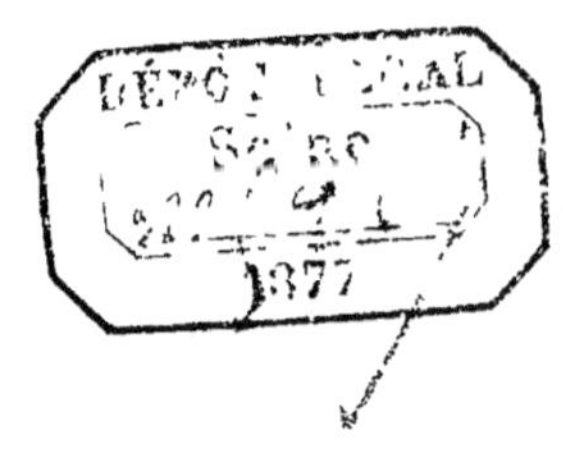

PARIS
LIBRAIRIE DE CHARLES DOUNIOL ET Cⁱᵉ, ÉDITEURS

29, RUE DE TOURNON, 29

—

1877

LA FRANCE CANADIENNE

LA QUESTION RELIGIEUSE

LES RACES FRANÇAISE ET ANGLO-SAXONNE

La grande prétention de l'École révolutionnaire est de représenter le progrès dans les sociétés modernes, c'est-à-dire le mouvement de l'humanité vers la raison et le droit. A croire ses organes, il semble que ce mouvement émane d'elle et qu'il ait attendu son impulsion pour animer l'univers. De là, le nom de rétrogrades qu'elle donne à ses adversaires, comme si, non contents de la stagnation pour l'espèce humaine, ils voulaient la faire reculer, la ramener à l'ignorance et à la barbarie pour la dominer. Ces accusations enfantines sont le thème favori de la littérature radicale ; accueillies sans discussion par la crédulité populaire, elles se perpétuent, parmi les masses inconscientes, comme des articles de foi.

De tels préjugés sont tenaces, car beaucoup de gens ont intérêt à les maintenir. Rien de plus facile cependant que d'en faire ressortir l'inanité. Les conservateurs n'ont jamais combattu les légitimes aspirations de l'esprit humain ; ils ne rêvent nullement la restauration de castes privilégiées, oppressives ; au contraire ils appellent de tous leurs vœux le triomphe des principes sociaux dont l'origine, à leurs yeux, est dans les enseignements du Christianisme. Mais ils prétendent que pour accomplir cette œuvre, la France n'avait pas besoin d'abjurer ses anciennes croyances, de renverser sa monarchie séculaire et de s'imposer l'enfantement laborieux et jusqu'à présent hélas ! toujours illusoire d'une reconstruction. Elle n'avait qu'à continuer le travail des générations antérieures, en augmentant, au lieu de l'anéantir, le patrimoine national. « Que serait aujourd'hui la France, disent-ils, si les secousses révolutionnaires n'avaient pendant quatre-vingts ans stérilisé ses forces vives, et remplacé le développement régulier d'une société stable, sûre de son avenir, par une alternative dégradante d'anarchie et de despotisme ? Tout nous

porte à croire qu'elle serait intacte et qu'elle aurait onservé son
ancienne puissance. Nous affirmons, de plus, qu'elle jouirait de toutes
les libertés, de toutes les conquêtes morales et matérielles dont la
révolution s'attribue à tort la paternité. Le malheur, c'est que le
cataclysme a sévi sur notre patrie entière ; qu'aucune fraction de
l'ancienne France n'a survécu au naufrage pour attester à notre âge
les ressources cachées dans son organisme et pour opposer sa vigueur
à notre débilité. »

Les conservateurs qui parlent ainsi se trompent sur un point : Cette
épave de l'ancienne France existe au-delà de l'Océan Atlantique, sur
les bords du fleuve Saint-Laurent. C'est le pays découvert par Jacques
Cartier, colonisé par Champlain, qui, pendant plus de deux cents
ans, s'est appelé Nouvelle-France. Bien que détaché depuis un
siècle du tronc national, le Canada français a gardé son caractère,
sa langue et ses institutions primitives. La conquête anglaise n'a
pas altéré ses éléments constitutifs. Comme un arbre implanté
d'Europe, il s'est développé par sa vertu spécifique, suivant les lois
que comportait sa nature. Aucune révolution n'a changé violemment,
dans son sein, les principes du droit public et répudié en bloc l'hé-
ritage moral des siècles passés. C'est donc une France de l'ancien
régime, offrant à nos regards le fruit que nous avons tué dans son
germe, c'est à-dire le progrès dont cet appareil social était suscep-
tible.

Depuis longtemps l'Amérique nous est offerte en exemple ;
abreuvés de déceptions en Europe, trompés dans leurs calculs et dans
leurs prédictions les plus chères, c'est là que nos utopistes ont
transporté leurs facultés imaginatives. C'est de là qu'il peuvent
dogmatiser comme autrefois et faire le procès à toutes nos misères.
« Aux Etats-Unis, écrivait, il y a deux ans un éminent publiciste[1],
« on ne court pas après des chimères, parce que de bonne heure
« on a connu *la Vérité*. » La Vérité ! Rien que cela ? Soit. Nous con-
venons que l'Amérique renferme pour nous de grands enseignements. Mais pourquoi les chercher exclusivement aux Etats-Unis ?
Si l'orgie décennale des Carpet-baggers, les scandales du *Salary-
grab* et des *rings* législatifs, si les coups d'état du général Shéridan
en Louisiane ont refroidi certains engouements, si les descendants
de Franklin n'apparaissent plus à nos yeux avec la même auréole,
tournons nos regards au nord de l'Hudson. Nous y retrouverons une
race française, délaissée, oubliée par la mère-patrie depuis plus d'un
siècle, et gardant néanmoins intacte, sous la domination étrangère,
la flamme du patriotisme. Plongés au fond d'un abîme, les Canadiens

____

[1] M. Laboulaye.

français en sont sortis à force d'énergie, de sang-froid, de persévérance. Conquis par les armes, ils se sont élevés par leur sagesse au
rang d'une nation. Enfin, profondément religieux, loyaux monar-
chistes, ils ont conquis pacifiquement toutes les libertés. Un tel
spectacle ne saurait être stérile pour nous, car s'il évoque de récents
et cruels souvenirs, s'il ravive des blessures encore mal fermées,
il ouvre à notre infortune actuelle des perspectives consolantes et
peut-être un enseignement.

I

La capitulation de Québec, après la mort de Montcalm en 1759,
plus tard la cession du Canada par la France en 1763, garantirent
au clergé franco-canadien ses possessions domaniales et le maintien
de tous ses priviléges antérieurs. La coutume de Paris fut également reconnue par les Anglais, comme loi territoriale, régissant les
propriétés et les rapports civils. La conquête respectait donc les
deux attributs essentiels de la nationalité canadienne, le culte et la
législation. Les droits de la langue française étaient implicitement
contenus dans ces engagements. Car le clergé, la magistrature et
tous les officiers publics se servaient exclusivement de cette langue.
En somme, la domination anglaise constituait à ses nouveaux sujets
une situation privilégiée, à savoir une autonomie complète et l'administration indépendante de toutes leurs affaires. De telles concessions, infiniment précieuses pour la colonie, étaient pour sa nouvelle
métropole de peu d'importance ; car le Canada n'intéressait que fai-
blement le cabinet de Londres. Qu'étaient-ce que ces forêts glacées,
parsemées de quelques pauvres villages, auprès de la Virginie, de
la Pensylvanie, des Carolines, dont l'Angleterre était alors souveraine et qu'elle contemplait avec un maternel orgueil? De ce brillant
empire, le Canada formait un appendice presque insignifiant. On
l'avait conquis, non pour sa valeur intrinsèque, mais pour se dé-
livrer d'un voisinage incommode. Les Français une fois expulsés,
l'Angleterre n'avait pas plus à se préoccuper des Canadiens que la
Russie des Lapons ou des Samoïèdes.

Cette indifférence cessa quand les colonies américaines se furent
séparées de la Grande-Bretagne, et que le Canada si dédaigné, de-
vint la seule possession anglaise sur le continent. Son rôle grandit
alors aux yeux des hommes chargés de perpétuer dans le Nouveau-
Monde le nom et la politique britanniques. Par sa position, par l'im-
mensité de son territoire, le Canada pouvait contrebalancer, sous

beaucoup de rapports, la fortune des États-Unis. Des loyalistes [1]
affluaient dans le Nouveau-Brunswick et dans la Nouvelle-Ecosse.
Des colons nombreux arrivaient d'Ecosse et d'Irlande dans les districts occidentaux, situés sur le bord des lacs. Un nouvel empire
colonial était donc en voie de formation, sur les débris de l'ancien.
Mais ses éléments étaient encore dispersés; pour les réunir et leur
donner de la cohésion, il fallait d'abord anglifier la population française établie sur le Saint-Laurent, abolir ses coutumes, éteindre sa
langue, qui formaient dans un monde britannique des notes discor-
dantes. Tel fut le programme hautement avoué par le général sir
Guy Carleton, quand il vint, en 1793, sous le titre de gouverneur
général, apporter la Constitution votée par le parlement anglais à la
province de Québec.

Le principal obstacle à cette entreprise était la religion catholique
implantée sur le sol canadien par la France, qui maintenait vivaces
les souvenirs, les mœurs et la langue de l'ancienne patrie. Depuis la
conquête, l'Eglise était devenue le refuge et la consolation des cœurs
franco-canadiens. Autour d'elle s'étaient groupés toutes les traditions proscrites au dehors, tous les sentiments refoulés par la domination étrangère.

Pouvait-elle renoncer à ce rôle pour se faire l'instrument d'une
politique officielle? Sir Guy et ses collaborateurs n'en eurent jamais
l'espérance. Ils conçurent de suite un dessein beaucoup plus élevé,
plus original, celui de convertir en masse les Franco-Canadiens à
l'anglicanisme. Cette œuvre éminemment patriotique ne paraissait
pas offrir de difficultés sérieuses. Les précédents ne manquaient pas.
L'Eglise épiscopale elle-même n'était-elle pas l'œuvre d'un souverain? Pourquoi le Canada ne deviendrait-il pas, comme l'Angleterre,
protestant par voie gouvernementale? Le pétrir, le façonner sur
cet illustre modèle était lui faire beaucoup d'honneur et lui rendre
en même temps un immense service : car c'était le soustraire au
joug du papisme, l'ouvrir aux idées modernes, l'élever au niveau
des sociétés libres.

Cette théorie eut pour principal fauteur un certain Witsius
Ryland, secrétaire intime de sir Guy, et fonctionnaire zélé
jusqu'au fanatisme. Ce gentleman, précurseur inconscient de
M. Gladstone, n'admettait pas que l'on pût dormir tranquille dans
un pays où dominait le culte catholique. « L'existence seule de
« cette religion, disait-il, est un danger perpétuel pour l'Etat,
« puisqu'elle ne reconnaît d'autre souverain que le Pape, que ses

---

[1] Partisans de la monarchie anglaise contre les indépendants, fondateurs
de la république.

« dogmes sont en opposition avec le *droit* public et les *principes*
« constitutifs de la société. » Ces opinions s'exaltaient chez
M. Witsius Ryland jusqu'à la haine et se formulaient en violentes
diatribes contre l'Eglise romaine. « En l'appelant papisme, disait-il,
« je la distingue de la *Religion établie* ; en même temps, j'exprime
« mon dégoût et mon mépris pour une superstition qui dégrade
« l'esprit humain et qui *frappe de malédiction* toutes les contrées
« où tombe sa semence. » Sans s'expliquer clairement sur la valeur
des mots *droit* et *principe* en pays conquis, M. Ryland croyait ou
semblait croire que l'âge d'or, pour fleurir au Canada, n'attendait
que la suppression du catholicisme. Pour sa part, il se déclarait
prêt à l'extirper par tous les moyens, même par la force (*by com-
pulsion*).

Le début naturel de cette rénovation anglo-saxonne devait être
la confiscation de toutes les propriétés religieuses, M. Ryland ne
concevait pas qu'un « remaniement » aussi nécessaire eût été différé
si longtemps. On l'eût introduit si facilement après la conquête !
Mais on pouvait réparer cette faute en révisant les titres des communautés et surtout en remplaçant la coutume de Paris par la loi
anglaise.

Le plus pressé, pour M. Ryland, était d'ôter au catholicisme sa
situation prépondérante et de le traiter en culte dissident, toléré par
la condescendance du pouvoir. Par ses soins, une cathédrale anglicane fut construite à Québec, sur une propriété catholique. On
combla de priviléges une communauté qui comptait dans la ville
deux cents ou trois cents fidèles. Il fut établi que le titre d'évêque
appartenait exclusivement au chef de l'Eglise anglicane. L'évêque
catholique fut averti que sa désignation officielle était celle de
surintendant ou de notaire apostolique et qu'il serait poursuivi
criminellement s'il se paraît des insignes de l'épiscopat. On alla plus
loin. On revendiqua pour l'Etat le contrôle de l'administration religieuse et la nomination des curés : on réclama de l'évêque autrement
dit surintendant apostolique, un acte reconnaissant la suprématie
royale en matière de religion. En décrétant la réforme, M. Ryland
s'excusait d'être un novateur trop timide. Ce qu'il fallait, c'était une
refonte complète de l'institution et des croyances, pour protéger
l'Etat et la société civile contre l'oppression catholique.

Ces grands projets, dignes de Henri VIII, échouèrent pour deux
raisons : d'abord les Canadiens refusèrent de se laisser catéchiser
par voie administrative. Français et latins d'origine, ils ne comprirent pas qu'abandonner leur foi pour plaire à leurs maîtres, préférer
les enseignements de leurs curés à ceux de soldats et de fonctionnaires, c'était s'élever à la liberté. En second lieu, le Pape était

alors l'allié de l'Angleterre contre la France. Pie VII, le chef de l'Eglise, tenait tête à Napoléon. On ne pouvait, au Canada, le traiter en oppresseur des consciences, quand on se faisait gloire de le protéger en Europe, qu'on soulevait en sa faveur l'indignation du monde catholique ? On lui devait des ménagements, des égards : auprès de cette nécessité, la conversion des Canadiens à l'anglicanisme, représentait un mince intérêt. Les ministres anglais le comprirent et restèrent sourds à toutes les objurgations de sir Guy et de son successeur, le général Graig. M. Ryland, ayant fait un voyage à Londres pour gagner le cabinet à ses vues, eut la douleur de se voir éconduit par sir Robert Peel, alors sous-secrétaire des colonies. La tentative d'anglification projetée sur l'Eglise franco-catholique fut complétement abandonnée vers 1810.

L'évêque de Québec était alors Mgr Octave Plessis, prêtre éminent, sachant allier un caractère ferme aux manières les plus conciliantes. En ce prélat s'incarna pendant quinze ans la résistance des Franco-Canadiens à la faction anglo-protestante. Non qu'il montrât au gouvernement officiel un esprit hostile ; tous ses procédés vis-à-vis des autorités anglaises étaient d'une correction irréprochable ; il rendait à César tout le respect et toute l'obéissance qui lui sont alloués par les sociétés modernes, et rehaussait ce tribut par sa courtoisie. Mais il maintint toujours son indépendance et toutes les velléités d'anglification vinrent échouer contre sa douceur.

Quand les Anglais eurent reconnu qu'il fallait s'accommoder du catholicisme, ils voulurent au moins se l'inféoder par quelques attaches officielles. Dans ce but, le gouverneur fit entendre à Mgr Plessis qu'on était prêt à lui reconnaître le titre et les prérogatives de son rang, qu'un traitement de 20,000 francs lui serait accordé, que la munificence royale s'étendrait à tout le clergé canadien à la condition que le sacerdoce fut envisagé comme une fonction publique et que la nomination des curés se fît avec l'assentiment du pouvoir. « Cette transaction, disait sir Graig, revêtira les prêtres catholiques d'un caractère légal et leur conférera l'avantage d'être assimilés aux membres de l'Eglise royale anglicane. »

Le gouverneur tenait particulièrement à s'emparer de la nomination aux cures ; mais Mgr Plessis écarta toujours cette prétention de la manière la plus inflexible : « Le pouvoir spirituel, répondit-il, « ne peut être aliéné par moi. Je le tiens de l'Eglise, comme un « dépôt qu'il ne m'est pas permis de dissiper et dont il faut que « je rende compte. » Pour échapper aux obsessions de l'autorité civile, il composa lui-même un mémoire qui rappelait avec force la séparation des pouvoirs. Ce travail remarquable mettait en évidence trois principes, devenus aujourd'hui la pragmatique sanction de l'Eglise franco-canadienne :

1° Droit pour les chapitres de cathédrales de se réunir suivant l'ancien droit canonique et d'élire leur évêque, avec obligation pour lui d'être ultérieurement confirmé par le métropolitain et le pape et *consenti* par le souverain.

2° Droit pour les évêques d'administrer souverainement les intérêts spirituels de leur diocèse, *sans réclamer aucune protection de l'Etat*, et sans être placés sous sa dépendance.

3° Droit pour les communautés ecclésiastiques de conserver les biens fonds à elles accordés par les rois de France et réclamés indûment par l'Eglise anglaise.

L'Eglise, la loi anglaise! Tels étaient les arguments employés à tout propos par les ennemis de la race franco-canadienne pour masquer leur politique et justifier leurs attentats. Sous cette égide, ils pouvaient tout se permettre, bien sûrs que l'opinion libérale n'épouserait jamais la cause d'un évêque catholique contre le symbole de toutes les libertés, c'est-à-dire contre la loi britannique. Que couvrait cependant, au Canada, ce titre imposant, sinon le droit dont se prévaut aujourd'hui l'Allemagne en Alsace, c'est-à-dire le droit de conquête? L'analogie est frappante. D'une part, la force éprise d'elle-même s'attribuant le droit de pétrir et de façonner la population à sa guise, employant tour à tour la menace, le dédain ou la condescendance et traitant ses contradicteurs de séditieux ou de fanatiques; de l'autre, un groupe désarmé, défendant ses croyances, ses institutions, sa dignité nationale, ne se laissant intimider ni corrompre, et déployant sur un théâtre obscur des vertus antiques, rehaussées par l'humilité chrétienne. — De quel côté se trouvait le libéralisme?

Vers cette époque, le Parlement canadien commençait à prendre de l'importance et devenait l'organe populaire de la vie publique. Loin de contrarier cette évolution, l'évêque de Québec en fut le principal promoteur. MM. Papineau, Bédard, Nelson, tous les chefs du parti national, trouvèrent en lui un auxiliaire énergique. Plus d'une fois, il éleva la voix pour les défendre auprès du ministre anglais, contre les gouverneurs ou contre le parti gallophobe. Par lui-même, le parti canadien était faible et ses ennemis eussent pu l'étouffer au berceau. Mgr Plessis le protégea longtemps par son autorité morale, par le respect qu'inspirait aux Anglais son grand caractère.

L'idée fixe des zélateurs britanniques, c'était d'absorber l'élément français, par une fusion habilement combinée avec la race conquérante. Rien ne les mortifiait plus que l'obstination de quelques paysans français à se perpétuer sur le sol canadien, à lutter même de force expansive avec les maîtres du sol. En soixante ans, les franco-canadiens s'étaient décuplés par la seule fécondité des mariages; ils se ramifiaient partout, même dans les comtés réservés à la colonisation anglaise. Comprimer ce développement était impossible, mais on se flatta de le ralentir, de l'éteindre graduellement par une refonte politique qui, désagrégeant la masse canadienne, et la mêlant aux anglo-saxons, donnerait à ces derniers la prépondérance. Après une longue incubation dans les cartons du gouverneur et du bureau colonial, cette pensée prit enfin la forme d'un projet législatif, proposant au parlement de Londres, l'union du Haut et du Bas-Canada, basée sur *l'abolition graduelle des institutions françaises*. La langue française devait être formellement interdite dans les débats législatifs, dans les tribunaux et dans tous les actes officiels. La coutume de Paris devait être remplacée par la loi anglaise. Enfin un remaniement habile des colléges électoraux devait, grâce au concours des autorités, assurer dans la Chambre *une majorité libérale*.

Préparé dans l'ombre et le mystère, ce projet éclata sur les Canadiens comme un coup de foudre. Ils apprirent avec stupeur, par leurs journaux et leurs correspondants de la métropole, que l'Angleterre s'apprêtait à disposer d'eux sans les consulter et sans les avoir même prévenus.

Dans cette crise, l'évêque et le clergé catholique se comportèrent en vrais patriotes et se firent les organisateurs de la résistance nationale. Les chefs du Parlement canadien, MM. Papineau et Nelson, avaient, en toute hâte, rédigé une pétition contre la mesure projetée. Les curés se chargèrent de la recommander à leurs paroissiens, et la propagèrent dans les districts les plus reculés. Grâce à leurs soins, la protestation se couvrit en quelques semaines de plus de soixante mille signatures et put arriver, en temps utile, entre les mains de sir Mac-Intosh qui s'était fait, dans le Parlement anglais, le défenseur généreux des libertés canadiennes. Muni d'une telle arme, Mac-Intosh attendit avec tranquillité l'attaque des ministres. Mais ces gentlemen, voyant l'opposition en force, jugèrent prudent de battre en retraite; ils retirèrent leur proposition. Repris cinq ans plus tard par un autre cabinet, le même projet essuya, sous la parole incisive de Mac-Intosh, une déroute complète.

A Mgr Plessis, évêque de Québec, revenait le principal honneur de cette belle campagne. Car pendant toute la lutte, il avait été l'âme de la résistance, combattant au premier rang avec une sérénité intrépide et soutenant les auteurs de la protestation, par son influence et par ses conseils. Malade, presque mourant, il quittait son lit

malgré la défense de son médecin, soit pour écrire en Angleterre,
soit pour encourager M. Papineau : « On ne saurait, écrivait-il à
« l'éminent patriote, donner trop d'éloges à votre dévoûment pour
« notre patrie. Il est d'autant plus méritoire que vous avez en tête
« des ennemis obstinés et puissants qui cherchent à vous fermer
« toutes les avenues, etc., etc. » Voilà ce clergé que ses détracteurs
dépeignent comme étranger au patriotisme et comme l'ennemi-né de
toute liberté ! La cause populaire trouvait en lui son appui le plus
efficace. Comme au temps de la ligue lombarde et des évêques
guelfes, l'Eglise canadienne symbolisait la cause nationale et grou-
pait autour d'elle tous ses défenseurs. Grâce à ce concert, le Canada,
dans un coin ignoré du monde, réalisa longtemps l'idéal de tous les
esprits généreux, trop dédaigné, hélas ! par les politiques de l'Europe moderne, — l'alliance de la démocratie et du christianisme.

II

Après la mort de Mgr Plessis, les libéraux canadiens, oublieux de
ses traditions, se lancèrent dans des voies nouvelles et pleines
d'aventures. Désertant le terrain si sûr de la résistance légale, ils
glissèrent sur la pente révolutionnaire, devinrent amers, aggressifs
envers le gouvernement anglais, rejetèrent avec hauteur ses tenta-
tives de conciliation et soufflèrent la révolte par leurs philippiques
indignées. Une punition bien cruelle suivit de près ces témérités.
Egarés par les excitations tribunitiennes de leur Parlement, quelques
centaines de paysans canadiens prirent les armes et furent taillés
en pièces par les troupes anglaises. Dix-huit malheureux furent
pendus à Montréal comme rebelles. Le principal auteur de ces troubles, M. Papineau, s'enfuit aux Etats-Unis et disparut pendant quelques années de la scène, après un rôle peu glorieux.

La plus grande partie des Canadiens était restée étrangère au
mouvement insurrectionnel ; tous néanmoins en portèrent la peine.
L'imprudence de quelques agitateurs, la folie de quelques cerveaux
exaltés fournissaient aux ennemis de la race franco-canadienne, l'occasion attendue depuis cinquante ans. La constitution de 1792 fut
abrogée. Le pays perdit son autonomie. Un bill présenté par lord
John Russell, et voté malgré l'opposition de MM. Rœbuck, O'Con-
nell et de lord Wellington, réunit les deux Canadas en un seul sous
l'autorité d'un même Parlement. Au point de vue constitutionnel,
la transformation était des plus singulières : elle consacrait la dé-
chéance d'un peuple au frontispice de la nouvelle loi ; elle plaçait
toute une classe de citoyens sous un régime de tutelle et de sur-

veillance. Ce système nommé *pacte d'union* était pour les franco-canadiens le contraire d'une constitution ordinaire. La valeur d'une charte consiste dans les garanties qu'elle donne aux gouvernés contre le despotisme éventuel de leur maître; ici, la constitution était une garantie que le souverain se donnait à lui-même contre une population désarmée.

Le bill d'union reçut la sanction royale, le 23 juillet 1840. Cet acte instituait pour les deux Canadas collectivement un Conseil législatif ou Chambre haute de vingt membres nommés à vie par le gouverneur, plus une chambre des communes, composée de quatre-vingt-quatre députés, élus par le peuple, dont quarante-deux pour chaque province. La langue anglaise devait être la seule admise dans le Parlement; enfin l'intérêt de la dette publique devait être perçu sur les revenus des deux provinces réunies.

La population du Bas-Canada était alors de six cent cinquante mille âmes. Celle du Haut-Canada de quatre cent mille. L'égalité stipulée lésait donc la première province, puisqu'elle aurait dû figurer pour plus de trois cinquièmes dans la représentation totale. Ce n'était pas tout : un habile remaniement des circonscriptions électorales dans le Bas-Canada donna des députés aux portions les plus insignifiantes de l'élément anglais épars dans cette province, afin de mettre les Français en minorité. Cinq villes anglaises, comptant en tout quinze mille âmes, nommaient cinq représentants. Cinq comtés français, formant une population de cent cinquante-cinq mille âmes, n'en nommaient pas davantage.

Une injustice plus criante encore était la décision imputant au nouvel État, d'une manière collective, les dettes antérieures des deux provinces séparées. A cette époque, le Bas-Canada n'avait, pour ainsi dire, aucune dette. La province d'Ontario, au contraire, était grevée de plus de 6 millions de dollars, dont ses revenus ne payaient pas l'intérêt. La banqueroute de cette province était imminente, quand la fusion des dettes vint l'exonérer de moitié. 3 millions de piastres incombèrent dès lors à la province de Québec. Le *pacte d'union* était donc pour le Haut-Canada une très-bonne affaire. Cet appât détermina, dit-on, son adhésion. On le voit : sous la variété des formes politiques, c'était toujours le *væ victis* qui légiférait. C'était peu de perdre leur autonomie, les Canadiens français payaient, comme une faveur, leur vassalité.

« L'acte d'union, disait, l'année suivante, un orateur canadien,
« est un acte d'injustice et de despotisme, en ce qu'il est imposé
« sans notre consentement, en ce qu'il prive le Bas-Canada du
« nombre légitime de ses représentants, en ce qu'il nous interdit
« l'usage de notre langue, dans la législature, contre la foi des

« traités; en ce qu'il nous fait payer, sans notre consentement, une
« dette que nous n'avons pas contractée; enfin en ce qu'il permet
« à l'exécutif de s'emparer illégalement, sous le nom de liste civile
« et sans le vote des représentants du peuple, d'une partie énorme
« des revenus du pays. »

Rien de plus triste dans l'histoire que les éclipses du droit, mais
rien de plus consolant que les revanches prises pacifiquement par la
fermeté des convictions sur la force. Deux ans s'étaient à peine
écoulés que les Franco-Canadiens avaient, par leur sagesse et leur
cohésion, conquis, dans l'ordre politique organisé contre eux,
une place éminente. Leur influence dans le parlement déterminait
la création d'un ministère responsable. Leurs chefs politiques,
MM. Lafontaine et Morin, étaient nommés membres du Cabinet. La
judicature, les écoles étaient réorganisées sous leurs auspices, dans
le sens le plus populaire. D'autres réformes plus importantes encore
étaient à l'étude, quand un dissentiment d'opinion avec le gouverneur général, lord Metcalf, détermina le ministère à se retirer. Le
représentant officiel de l'Angleterre ne se résignait que difficilement
aux progrès de l'autonomie provinciale. Ayant concédé la responsabilité des ministres, il voulait au moins conserver la nomination aux
emplois. M. Lafontaine, chef du Cabinet, revendiqua pour lui-
même et pour ses collègues cette prérogative. Le gouverneur ayant
maintenu sa prétention, le ministère se démit. Le droit, les principes constitutionnels étaient évidemment pour M. Lafontaine. Lord
Metcalf fut néanmoins approuvé par la métropole.

Ainsi l'Angleterre donnait d'une main et retenait de l'autre. Des
velléités intermittentes d'arbitraire détruisaient l'effet salutaire de
ses concessions. Heureusement la faute de lord Metcalf fut réparée,
deux ans après, par un esprit supérieur, lord Elgin, nommé, en 1847,
gouverneur des deux Canadas. Nature élevée, dédaigneuse des calculs vulgaires, lord Elgin comprit de suite les dangers d'un système
basé sur l'oppression et sur le déni de justice. Son premier soin fut
de tirer les Franco-Canadiens de leur ilotisme. Il fit remettre en
vigueur l'usage officiel de la langue française et poussa la courtoisie
jusqu'à prononcer lui-même le discours du trône dans cette langue.
Désireux d'effacer tout vestige des dissensions passées, il fit proposer une loi pour indemniser les paysans des dommages causés à
leurs propriétés par les milices anglaises en 1837 et 1838, sous
prétexte de répression des troubles [1]. Cette mesure était vraiment
réparatrice; elle ôtait aux Canadiens des campagnes leur principal
grief contre l'Angleterre. Elle reconnaissait loyalement l'injustice et

[1] L'indemnité montait à 2 millions de livres sterling.

l'oppression dont ils avaient été les victimes. Enfin elle jetait un blâme mérité sur la faction anglo-canadienne, qui, dans cette époque néfaste, avait fait du loyalisme un prétexte à spoliation. Les Français furent profondément touchés de cette grandeur d'âme. Mais le parti anglais se déchaîna contre lord Elgin, l'accusant de connivence coupable avec les rebelles. « Je ne connais rien de plus abominable, « disait un député, M. Sherwood, que de faire payer ceux qui ont « pris les armes pour la défense de leur pays, afin de récompenser « ceux qui ont été la cause de meurtres et de l'effusion du sang par « tout le pays. Admettre le principe qu'il faille payer les rebelles « et leurs adhérents serait inviter ouvertement à la révolte. » Un autre député, M. Allay, se plaignit naïvement de la déception que faisait éprouver aux Anglais le gouverneur général. « Le but de « l'union, dit-il, a été de réduire les Canadiens français sous la « domination anglaise. Et maintenant c'est l'effet contraire qu'on « obtient. Ceux qu'on voulait écraser dominent. Ceux en faveur « desquels l'union avait été faite sont les serfs des autres. » Pendant toute la discussion du bill, les *loyalistes* déclarèrent qu'ils s'opposeraient à la mesure projetée par tous les moyens, même par l'agitation dans le pays. Leurs journaux, leurs réunions populaires réveillèrent les haines de race et prêchèrent contre l'élément français une sorte de guerre sainte.

Lord Elgin ne se laissa pas intimider. Après le vote du bill, il se rendit solennellement à la Chambre pour le sanctionner. Mais la cérémonie fut troublée par des actes d'une indécence inouïe. Pendant que le gouverneur parlait, sa voix fut couverte par des huées parties des tribunes. A sa sortie, des pierres furent lancées sur lui-même et sur son état-major, au milieu de clameurs et d'imprécations. Le soir même, une bande de furieux se porta sur l'édifice législatif, où les députés étaient encore en séance, envahit la salle et proclama la dissolution de la Chambre. Pour couronner ses exploits, la bande « loyaliste » incendia le palais, qui fut entièrement détruit, ainsi que les archives de la colonie et la bibliothèque contenant 22,000 volumes.

« Les émeutiers, dit M. Turcotte, historien de cette époque, eu- « rent pendant plusieurs jours la ville de Montréal en leur pouvoir « et commirent les actes du plus odieux vandalisme. Ils brûlèrent « une partie des propriétés de M. Lafontaine, et saccagèrent le « reste, ainsi que les demeures de MM. Hinck, Holmes, Nelson et « Wilson. Ils furent encouragés par les organes des conservateurs « outrés, la *Gazette de Montréal* et le *Morning Courrier*. Ces « journaux publièrent des articles d'une violence extrême, conseil- « lant d'exterminer tout ce qui portait un nom français. C'est une

« guerre de races, disaient-ils, il *faut* qu'une des deux races
« *vienne* à périr. »

On ne saurait trop le répéter : les auteurs de ces saturnales étaient
ceux qui, en toute occasion, faisaient parade de dévouement envers
l'Angleterre, et dénonçaient les Canadiens français comme des ennemis de la Constitution et des lois. Ce sont eux qui depuis, ont
revendiqué pour eux-mêmes le monopole du libéralisme et repré-
sentent l'Eglise romaine comme un danger permanent pour la paix
publique.

En minorité dans le Canada, cette faction espéra quelque temps
avoir sa revanche en Angleterre; elle intrigua auprès du Parlement
et des ministres pour obtenir l'annulation du bill d'amnistie et la
révocation de lord Elgin. Repoussée par la métropole, elle mit de
côté tout scrupule et demanda l'annexion du Canada aux Etats-
Unis.

« L'Angleterre, disaient ses organes, ne représente plus comme
autrefois, la mission et la prépondérance de la race anglo-saxonne
en Amérique. Elle ménage les débris d'une race dont l'existence
constitue aujourd'hui le principal obstacle au progrès. Nos espé-
rances, nos sympathies doivent se porter désormais vers une puissance plus jeune et plus libre de préjugés. Avec les Etats-Unis nous
aurons la force d'assimilation qui nous manque. Sur le territoire de
la République, les émigrants d'Europe perdent conscience de leur
origine et s'anglifient par millions. L'annexion faite, les Canadiens
se fusionneront dans le même creuset. S'ils résistent, s'ils veulent
garder leur autonomie et leur langue, on les parquera dans des ré-
serves, comme leurs amis, les Peaux-Rouges, que la civilisation
américaine balaie devant elle comme des scories encombrantes. On
les enverra vers la baie d'Hudson ou le Labrador chasser l'orignal
et le caribou, laissant les villes, les ports et toutes les terres culti-
vables aux véritables maîtres du sol, c'est-à-dire aux descendants
fusionnés de la grande race teutonique. » On le voit, c'est toujours la conquête : l'esprit de caste obstiné dans la poursuite de
« son idéal, » prenant et quittant successivement toutes les formes,
républicain après avoir été loyaliste. Mécontent de la royauté anglaise, il échangeait tranquillement le droit divin et le principe féo-
dal pour les principes adverses, et se faisait l'adepte fervent des
théories nouvellement écloses dans les universités germaniques.

A ces théories creuses, à cette agitation illégale, le ministère canadien, présidé par M. Lafontaine répondait victorieusement par
des réformes législatives, conçues dans le sens le plus libéral, par
des entreprises grandioses, pleines d'avenir pour la prospérité du
pays. Par son initiative, en 1850, le rachat des tenures

seigneuriales introduites par Louis XIV pour favoriser la colonisation et qui, par la transformation des temps, étaient devenues une
lourde charge pour l'agriculture. Cette émancipation de la terre fut
opérée sans secousse, sans soulever de passions, sans froisser aucun
intérêt, par l'entente mutuelle des seigneurs et des tenanciers. La
féodalité ne fut pas mise en cause. Le moyen âge, l'ancien régime
ne servirent pas de thème à d'éloquentes récriminations. Cette
grande réforme fut traitée comme une simple question d'affaires.
Une commission présidée par M. Lafontaine, promoteur de la mesure fit un examen consciencieux des droits et des intérêts respectifs.
3,500,000 dollars [1] furent affectés à indemniser les seigneurs des
charges telles que corvées, droits sur la pêche, les bois, les constructions qui gênaient la culture et dont la suppression fut envisagée,
avec raison, comme une nécessité publique. Quelques redevances
furent maintenues avec faculté d'option pour le tenancier de payer
6 0/0 au propriétaire primitif ou de se libérer par le remboursement
du capital dû, si ses moyens le lui permettaient. C'était toute une
révolution sociale. « Et cette révolution, dit M. Lafontaine, qui,
« dans d'autres pays, n'aurait pu s'opérer sans effusion de sang, et
« sans remuer l'édifice social, jusque dans ses fondements, s'accom-
« plit paisiblement, à l'honneur de la population, sans trouble et
« presque sans aucune commotion. » Tous les privilégiés, y compris les ordres religieux, si gravement atteints, subirent sans mur-
mures cette aliénation de leurs droits. Un seul canadien français
combattit avec acharnement cette émancipation de la terre ; ce fut
M. Papineau, l'agitateur de 1837, dont l'imprudence et l'emporte-
ment révolutionnaires avaient ouvert pour les compatriotes une ère
d'oppression. Grâcié par la Reine après un séjour en France de plusieurs années et rentré dans la vie publique avec une recrudescence
d'esprit systématique et doctrinaire, M. Papineau, par haine des
Anglais, s'était joint aux anglomanes, fauteurs de l'annexion aux
Etats-Unis. On le voyait, en toute circonstance, voter avec les ennemis les plus invétérés de sa race et combattre ses anciens amis.
Véritable type d'intransigeant, il aimait mieux contribuer à l'excès
du mal que d'accepter une restriction quelconque de son idéal. Dé-
clamateur classique, fervent admirateur des Etats-Unis, il réunis-
sait tous les titres à la sympathie de nos libéraux. Il est peut-être le
seul Canadien qui jouisse en France de quelque renom.

Lord Elgin quitta le pays, en 1854, laissant le pays dans la situation la plus florissante. Les vieilles haines étaient apaisées, l'antagonisme des races semblait avoir disparu. Des Franco-Canadiens et

---

[1] 18 millions de francs.

des Anglais associaient leurs efforts pour le progrès et le bien public. La justice avait produit la conciliation et de l'apaisement général naissaient les mœurs de la liberté. Toutes les forces nationales se coalisaient pour doter le Canada de ces grandes créations industrielles qui sont pour les peuples modernes l'outillage obligé de la production. D'immenses canaux étaient creusés pour mettre en communication les lacs du Nord avec l'Océan Atlantique, en tournant les rapides du Saint-Laurent, y compris le Niagara. Ces canaux, assez profonds pour recevoir des navires de 3,000 tonneaux, mirent Chicago en relation directe avec Liverpool, et tirant le Canada de son isolement, en firent la route naturelle des échanges entre l'Europe et les Etats de l'Ouest. De cette époque date aussi la construction d'un chemin de fer, appelé le Grand-Tronc, qui traverse tout le Canada, du lac Huron à l'Océan Atlantique.

Etranger à ces beaux travaux, hostile à l'administration qui les enfantait, M. Papineau rentra, vers cette époque, dans la vie privée. Il y passa les dernières années de sa vie, boudant les générations nouvelles, fidèle à son rôle d'agitateur démodé. Dans son dépit, il dépréciait sa patrie et sa race avec une sorte de passion, leur opposant sans cesse les Etats-Unis, comme eût pu le faire M. Bancroft. Docile écho des idées régnantes en Europe, il avait épousé, avec ferveur, les théories mises à la mode par nos libéraux contre le catholicisme. C'était, suivant lui, cette religion qui, retenant les Canadiens *dans les entraves du passé*, les empêchait d'acquérir *le sens pratique des affaires*, de s'élever à la hauteur des Anglais, des Américains, etc., etc. Il mourut, ayant refusé les secours d'un prêtre et voulut être enterré *civilement* dans son domaine de Montebello. Ses leçons, ses exemples ont produit un singulier effet sur sa descendance. Les enfants de Papineau, le patriote canadien, l'ennemi juré des Anglais, sont aujourd'hui complétement anglifiés et se font gloire d'ignorer à peu près complétement la langue de leur père !

III

Parmi les tâches qui s'imposaient au gouvernement canadien, une des plus difficiles était l'organisation de l'enseignement public. Chaque parti comprenait l'importance qu'un tel service allait prendre dans le développement du pays, et cherchait à se l'approprier. Chacun réclamait, pour lui et les siens, le droit de former la génération future et de la préparer à la vie publique. Cette question qui touche aux intérêts les plus chers de la famille et de l'ordre social fut abordée par les Anglo-Canadiens d'une façon très-autoritaire; il voulurent l'emporter de haute lutte. Leur théorie, sur ce point, eût fort scandalisé nos Anglomanes, car ils réclamaient le droit d'enseigner, comme un privilége de l'Etat. Ils n'admettaient pas que ce droit fut revendiqué par les communautés religieuses ; enfin ils excluaient surtout l'Eglise catholique : « L'enseignement « du clergé romain, disaient MM. Brown et Mackensie, directeurs « du *Globe* de Toronto, *est subversif de tous les gouvernements* « *établis*. Il prêche la soumission absolue à certains dogmes, à « l'autorité du pape; il autorise la révolte contre les actes d'une « autorité hérétique : intolérant, il mène à la persécution. Son fruit « naturel est la guerre civile. C'est donc *un devoir* pour l'Etat d'ar- « racher l'enfance à ces doctrines pernicieuses, afin d'avoir des « citoyens, des sujets loyaux et des patriotes. » Ces idées ont été depuis reprises par M. Gladstone et surtout appliquées en Allemagne par M. de Bismark. On voit qu'elles fleurissaient au Canada vingt ans avant leur éclosion en Europe.

A ces accusations les catholiques répondaient qu'en théorie, toutes les Eglises proclament leur orthodoxie à l'exclusion des autres, que toutes s'attribuent le droit d'excommunier les dissidents, que toutes ont dans leurs annales l'intolérance et la persécution, triste empreinte des passions humaines, que l'Eglise catholique n'a pas décapité Charles Ier, ni soulevé contre l'Angleterre les colonies d'Amérique, et qu'enfin, si les catholiques sont soumis aux lois, nul n'a le droit de scruter et de traduire à sa barre les mobiles secrets de leur conscience. Le souverain qui s'attribuerait cette mission deviendrait lui-même le plus présomptueux des théologiens et le plus tyrannique des inquisiteurs. D'ailleurs, ajoutaient-ils, il faudrait, avant tout, s'entendre et définir ce qu'on entend par l'Etat. Est-ce le conquérant? Le roi par la grâce de Dieu ou le peuple passé souverain? Le pouvoir civil revêt alternativement toutes ces formes. Il est tantôt le droit divin, tantôt la révolution. Est-il, soit qu'il adore, soit qu'il brûle, également saint, respectable, infaillible? Enfin ses moyens d'action sur la société sont suffisamment étendus. Ajouter à ses pouvoirs la police des esprits et celle des consciences, c'est proclamer l'omnipotence de la force brutale ou du nombre et provoquer de justes résistances.

Ces arguments sont aujourd'hui l'objet de grandes controverses et diviseront sans doute longtemps encore le monde politique. La force en était plus grande au Canada que partout ailleurs ; car nulle part la notion de l'Etat n'était plus complexe et plus difficile à définir. Etait-ce la Reine? L'empire britannique, les deux Canadas réunis, la nationalité anglaise ou franco-canadienne? La Reine, autorité nominale planait au-dessus de tous les conflits. L'empire britannique, agrégation disparate, comprenait des Anglais, des Américains, des Indiens, des Chinois, des Africains, sans parler des Canadiens d'origine française et des Irlandais. Pour toutes ces races différentes, la loi, l'autorité civile ne pouvaient avoir le même caractère. Pour les uns, c'était la participation au pouvoir, pour les autres, la servitude ou du moins la vassalité. Quant aux Canadiens, cédés après une guerre, ils s'étaient vus dotés d'une constitution, qui, plus tard, leur avait été retirée. L'union des deux Canadas avait été faite contre eux et pour les tenir dans une situation dépendante. Sur une telle base, que pouvait édifier pour eux l'éducation laïque de l'Etat, sinon l'oppression des intelligences? Que pouvait-elle représenter, sinon une usurpation de la puissance matérielle, s'arrogeant le droit exclusif de catéchiser?

Cette croisade contre l'enseignement catholique était d'autant plus injuste que lui seul, depuis un temps immémorial, avait perpétué chez les Canadiens français le goût de l'étude et de la culture intellectuelle. Seul, le clergé romain avait entretenu cette flamme sacrée, pendant les jours de deuil qui suivirent la conquête anglaise. Au moment même de ces attaques, il acquérait un titre immortel à la reconnaissance du pays, par la fondation de l'université Laval (1854), établissement magnifique, organisé à Québec, sur le plan de nos universités françaises, suivant l'esprit le plus libéral, et pourvu de quatre facultés, Les chaires en furent confiées à de jeunes professeurs, les uns prêtres, les autres laïques, ayant fait en France de fortes études et passé les examens de licence ou de doctorat à l'académie de Paris. Par cette fondation, le génie français, après cent ans de lutte, affirmait, sur les bords du Saint-Laurent, sa prépondérance. Les bienfaits de cette institution furent immédiats. De jeunes talents peuplèrent les professions libérales. Des plumes canadiennes abordèrent la poésie, le roman, la critique, tous les genres de littérature. Des publications périodiques se fondèrent et mirent en relief toute une pléiade d'esprits et d'écrivains distingués. Aux fondateurs de l'université Laval revenait tout l'honneur de ce mouvement honorable, à ces prêtres laborieux, modestes, représentés par de creuses déclamations comme les ennemis de toutes les lumières et comme fauteurs avoués de l'ignorantisme.

Le principe des écoles séparées triompha en 1863, par une coalition des conservateurs ontariens avec la province de Québec. Par suite de ce vote, les catholiques eurent leur enseignement à part dans tout le Bas-Canada. Treize ans de durée ont consacré ce régime et permettent d'en apprécier les effets. Eh bien! le développement de l'instruction publique, dans cette province, pendant cette période, s'exprime par les chiffres les plus éloquents. En 1858, le nombre des écoles primaires était de 2,053. Il est aujourd'hui de 3,800. Le nombre des élèves qui les fréquentent s'est élevé de 108,000 à 235,000. Partout les écoles surgissent ; partout les communes, pour les soutenir, s'imposent de lourds sacrifices. A ces efforts méritoires, les congrégations religieuses apportent un précieux concours. Elles se sont établies dans les localités les plus pauvres, les plus déshéritées pour y propager l'instruction *à leurs frais*. Parmi ces communautés généreuses, brillent au premier rang les ordres de la Doctrine Chrétienne et du Sacré-Cœur, composés, en grande partie, de sœurs et de frères natifs de France. Leur zèle, leur persévérance ont suscité des établissements considérables et produisent, dans les villes, comme dans les campagnes, les résultats les plus bienfaisants. Plusieurs écoles professionnelles ont été fondées par leur initiative, pour répandre les principes élémentaires de la science et de l'industrie parmi les Canadiens français. A tous les degrés de l'enseignement, on constate, dans les communautés catholiques, le même esprit d'entreprise. Deux colléges ont été fondés à Montréal, l'un par les Sulpiciens, l'autre par les Jésuites, pour l'éducation secondaire. Ces établissements sont sans rivaux dans toute l'Amérique. Tout récemment, une école dite polytechnique vient d'être créée, dans la même ville, sous les auspices de l'Evêché, sur le modèle de l'institut de Zurich. Enfin l'université Laval devance aujourd'hui même les pouvoirs publics du Dominion, en organisant dans son sein une école de navigation.

La province d'Ontario n'a point cette fécondité intellectuelle, mais plus favorisée par le climat, sa prospérité matérielle s'est développée plus rapidement. L'émigration européenne y versait, chaque année, un nouvel affluent de colons. Sa population en vingt ans s'était accrue de cinq cent mille âmes et dépassait d'un quart celle du Bas-Canada. Dès que cette supériorité du nombre fut bien constatée, les gallophobes commencèrent une agitation d'une nouvelle espèce. Ils ne cessaient de déclamer contre l'égalité de représentation qui leur semblait si naturelle, quand les Franco-Canadiens avaient la supériorité du nombre. Depuis qu'elle s'était retournée contre eux et qu'elle limitait leur prépondérance, il la dénonçaient comme une monstrueuse iniquité. Tous les ans, leurs chefs, MM. Mackenzie et Brown proposaient aux chambres de réviser l'acte d'union pour composer les colléges électoraux sur une nouvelle base et s'indignaient assez naïvement contre leurs collègues français canadiens qui leur refusaient cette concession. Ceux-ci n'avaient aucune raison pour faire l'abandon d'un privilége qui leur était échu fortuitement par l'imprévoyance de leurs oppresseurs. C'eût été de leur part une immolation gratuite au bénéfice d'ennemis acharnés.

Les partis se balançant d'une manière à peu près égale dans le parlement de la colonie, il eût fallu, pour trancher le débat, une intervention, c'est-à-dire un coup d'Etat de la métropole, comme en 1841. Mais les temps étaient bien changés. La politique autoritaire n'était plus à l'ordre du jour en Grande-Bretagne. L'école de Manchester avait la majorité dans les Chambres. Le cabinet de Londres désorienté en Europe, en Amérique par des événements qui déroutaient ses calculs, voyant l'horizon chargé partout de tempêtes, s'imposait une politique d'effacement général et se dérobait à tous les conflits. Quelle raison d'ailleurs avait-il d'intervenir en faveur des Anglo-Canadiens? Il ne croyait plus beaucoup à leur loyalisme, depuis qu'un mouvement était parti de leur sein pour l'annexion aux Etats-Unis. Les Français, au contraire, toujours traités en ennemis, se montraient pleins d'attachement à la Grande-Bretagne et remplissaient tous les devoirs de sujets fidèles. Pour toutes ces causes, le gouvernement anglais resta neutre entre les deux nationalités, et se renferma dans un arbitrage impartial. Grâce à cette réserve, les Canadiens français purent, pour la première fois, stipuler en leur nom, faire valoir leurs droits et traiter en égaux avec leurs anciens dominateurs. Des commissaires furent nommés par le Haut et par le Bas-Canada pour rédiger une nouvelle forme de constitution. A ces délégués s'adjoignirent bientôt ceux du Nouveau-Brunswich et de la Nouvelle-Ecosse, pour la formation d'une vaste confédération coloniale' et de cette élaboration sortit un régime tout à fait nouveau qui consacrait l'autonomie de chaque province en créant un organe central pour les intérêts collectifs.

D'après la Convention de 1865, ratifiée par la reine, le 5 février 1867 les quatre provinces de Québec, Ontario, du Nouveau-Brunswick et de la Nouvelle-Ecosse se sont constituées en fédération sur le modèle des États-Unis. Depuis cette époque, tous les fonctionnaires anglais ont disparu ; la métropole n'est plus représentée au Canada que par un gouverneur-général, vice-roi constitutionnel, dont le principal office est d'ouvrir et de fermer la session législative au nom de la reine et de prendre les ministres au sein de la majorité. Ce mécanisme se répète ensuite dans les quatre provinces, dont chacune est pourvue d'un lieutenant-gouverneur, d'un ministère responsable et d'un parlement. Trois provinces nouvelles sont venues depuis se joindre au noyau primitif de la puissance canadienne (en anglais, Canadian Dominion) à savoir : l'île du prince Edouard, la Colombie britannique et la province de Manitoba. La confédération s'étend aujourd'hui de l'Océan Atlantique au Pacifique, embrassant un territoire plus vaste que celui des Etats-Unis.

Dans cette nouvelle organisation, les Canadiens français ne

nomment plus, comme sous l'union, la moitié de la législature fé-
dérale. Ils sont fondus dans l'élément anglais qui forme à peu près
les deux tiers de la population totale. Mais ils ont regagné bien am-
plement à Québec ce que leur enlevait Ottawa, la capitale nouvelle
du Dominion. La compétence du ministère fédéral ne s'exerce que
sur certains objets déterminés qui sont : la milice, les douanes, les
pêcheries et la nomination des juges. En dehors de ces services,
chaque province est maîtresse absolue chez elle ; et c'est ainsi que
le Bas-Canada forme depuis neuf ans une sorte de république indépendante où l'élément français est en majorité des cinq sixièmes.

Par cet échafaudage de ministères et de parlements, on voit que
les institutions parlementaires ont été pour les Lycurgues canadiens l'objet d'une foi poussée jusqu'au fétichisme. Nulle part les
rouages législatifs n'ont été prodigués plus libéralement. On les
trouve dans leur ensemble à Ottawa, à Québec, à Toronto et même
à Manitoba, partout rehaussés par un cérémonial copié sur West-
minster, et qui dans la patrie des Hurons et des Algonquins, paraît
assez exotique. Cette transplantation est-elle bien judi·ieuse? Pro-
duira-t-elle des Burke, des Fox et des Shéridan? Peut-être; mais
jusqu'à présent, la vie publique du Dominion n'a mis en relief ni
talents éminents, ni grands caractères. Les débats des Chambres
sont médiocres, sans couleur et sans nulle portée. Les partis s'a-
gitent dans de stériles logomachies ; échangeant de lourdes récriminations, s'accusant mutuellement de violer toutes les lois et tous
les principes. Cependant leurs divergences d'opinions sont imper-
ceptibles et l'animosité de la lutte étonnerait si l'on n'en connaissait
l'objet réel et palpable, discrètement caché derrière leurs déclamations. Les chefs recherchent le pouvoir et les avantages très-sérieux
qu'il procure ; chacun d'eux a derrière lui tout un cortége de clients
parfaitement résolus à vivre aux dépens du trésor public. Aussi
tout nouveau ministère applique-t-il rigoureusement le principe de
l'épuration. *Vœ victis!* L'administration entière est envahie par ses
créatures ; douanes, gabelles, police des hâvres, voirie publique sont
régénérés par un personnel bien pensant.

Presque toujours il faut élargir les cadres et créer de nouveaux
emplois, tant les amitiés à récompenser sont nombreuses, au lendemain d'un succès. Ottawa compte douze ministères et près de huit
cents employés. Or, les sessions législatives ne durant pas plus de
deux ou trois mois par an, l'activité bureaucratique s'éteint générale-
ment avec elles. Chaque année apporte donc à ces gentlemen six
ou huit mois de vacances. Les appointements n'en sont pas moins
servis scrupuleusement durant toute l'année et grâce aux influences
parlementaires qui président à leur éclosion, fournissent des reve-

nus assez larges. Le Dominion est une terre de promission pour
les fonctionnaires. Il donne aux siens de doux loisirs et cette médio
crité dorée, rêve du poëte, après laquelle soupirent si vainemen t
leurs collègues d'Europe. Plusieurs cultivent les muses et dotent
leur pays de productions estimables.

Le mécanisme des parlements étagés produit au Canada des
résultats fort étranges. Ainsi le gouvernement fédéral est depuis
trois ans entre les mains des libéraux, c'est-à-dire du groupe
anglo-protestant. Québec, au contraire, est régi par les conservateurs catholiques. Par suite, les deux gouvernements se font de
l'opposition l'un à l'autre et se traitent mutuellement en ennemis.
Tout dernièrement un ministre Bas-Canadien fulminait contre les
membres du cabinet fédéral un véhément réquisitoire, et, dans sa
péroraison, déclarait qu'ils seraient chassés, comme les publi-
cains du Temple, à coup de fouets. Les ministres d'Ottawa sont
libre-échangistes, ceux de Québec réclament la protection à ou-
trance. Ces derniers demandent la construction d'un chemin de fer
transcontinental, unissant les deux océans ; le gouvernement central traite ce projet de chimère tout en payant une légion d'explorateurs et de spécialistes plus ou moins sérieux pour faire des devis.
Parfois on transige, on se fait des concessions réciproques. Québec
nomme un agent-voyer libéral, Ottawa, propose un catholique à la
sous-inspection des pêches fluviales, ou des écluses de canaux. Mais
ne relevons pas ces détails ; ce serait attacher trop d'importance aux
petites combinaisons qui sont dans tous les temps et dans tous les
pays, la grande occupation des partis. Très-heureusement pour les
nations, leurs destinées s'élaborent d'une façon mystérieuse et par
un travail invisible, en dehors de leurs gouvernants attitrés et des
officines politiques.

IV

De l'esquisse que nous avons ébauchée, ressort avec évidence
cette conclusion que, depuis cent vingt ans, la nationalité canadienne s'est groupée autour du catholicisme, et qu'elle a trouvé
dans le clergé de cette religion ses défenseurs les plus énergiques,
ses représentants les plus élevés. À ce clergé revient la gloire
d'avoir préservé cette petite phalange de la submersion, d'avoir
maintenu sa langue, ses institutions et ses mœurs contre la conquête et contre l'action séculaire de la puissance matérielle.

À l'heure actuelle, la population française occupe les sept hui-
tièmes du Bas-Canada. Après une lutte opiniâtre, l'élément anglais

renonce à disputer cette province et se retire découragé. Des données intéressantes nous sont fournies à cet égard par la statistique.

Dans une région montagneuse, au sud du Saint-Laurent, est un pays limitrophe des Etats-Unis, qui fut presque inhabité jusqu'à la fin du siècle dernier. Les gouverneurs anglais le colonisèrent dans l'espoir d'enserrer la population française et de la dissoudre à force d'infiltrations britanniques. Or, le fait inverse s'est produit. Non-seulement ces colonies anglaises n'ont rien gagné sur la zône franco-canadienne, mais elles ont été envahies et pénétrées elles-mêmes par l'élément qu'elles devaient détruire. Le recensement de 1871 a donné, pour les onze comtés dont elles se compose, les résultats suivants : Anglais, 60,011 âmes; Français, 88,717. Par la comparaison de ces chiffres, on voit la merveilleuse fécondité de la race française. Ses rejetons, ses enfants perdus ont formé, dans les comtés anglais, une masse imposante, supérieure en nombre à toute l'émigration britannique. Cette contrée fertile et pittoresque est devenue, grâce à leur affluence, une des plus riches de tout le Canada. Partout des fermes à l'aspect riant, des villages populeux, tous les signes d'une colonisation active et prospère. Le gouvernement de Québec a eu l'heureuse inspiration de fonder dans ce district des concessions agricoles pour les Canadiens émigrés aux Etats-Unis qui désireraient être rapatriés. Cette expérience a donné des résultats excellents. Plusieurs milliers de citoyens ont été par cette voie rendus au pays, et les défrichements ont vivifié d'immenses solitudes. Le centre de cette colonisation est Sherbrooke, érigé tout récemment en évêché pour Mgr Racine, ancien curé de Saint-Jean à Québec, initiateur de tout ce mouvement. Sherbrooke, il y a vingt ans, était un village anglais, sans nulle importance. Aujourd'hui, c'est une ville de 5,000 âmes, aux trois quarts française. Elle contient un collége catholique et plusieurs écoles commerciales. Un chemin de fer y relie le Grand-Tronc aux lignes des Etats-Unis. Il s'y publie deux journaux français. Tout à l'entour, se forment de nouvelles paroisses, développant partout l'agriculture et même, grâce à de nombreux pouvoirs d'eaux, un essor vivace d'industrie.

Ces colonies franco-canadiennes offrent à l'observateur impartial un touchant spectacle : ce n'est point la physionomie dure et prétentieuse des établissements américains où le moindre assemblage de huttes affecte immédiatement l'air d'une capitale. On n'y voit pas affluer, dans d'ignobles « bar-rooms, » l'écume sociale des grands centres pour spéculer sur la vente des lots, terrorisant les colons, le revolver au poing, préludant au self-government par l'assassinat et le brigandage. L'honnêteté, la paix de l'âme respirent sur toutes les figures. Les habitations propres et spacieuses, appropriées à la vie rustique, atteignent souvent l'élégance sans la rechercher. Au centre, s'élève l'église paroissiale, orgueil, souci principal de toute la communauté. Pour la construire et l'orner tous s'imposent avec joie de dures privations, tous apportent leur obole, prélevée sur leurs salaires ou sur leurs modestes profits. Aussi quel triomphe quand son clocher, recouvert d'une toiture en zinc, s'élève, reflétant, comme un miroir, les rayons d'un brillant soleil! Le curé est le pouvoir incontesté, le magistrat suprême de l'endroit. Tous les membres de la société subissent docilement son contrôle. Tous lui demandent conseil dans les occasions importantes et lui soumettent les actes principaux de leur vie. Dictature patriarcale et qui, dans une société de cultivateurs, produit l'effet le plus bienfaisant. C'est par elle que les aspirations élevées maintiennent leur préséance sur l'amour du lucre ; par elle qu'une fraternité généreuse anime la commune nouvellement éclose et la rallie à ses sœurs aînées. C'est elle enfin qui perpétue dans le peuple entier le sentiment national et la sainte flamme du patriotisme.

Il est très-hardi, très-paradoxal, nous le savons, de présenter au dix-neuvième siècle le progrès sous la forme d'un régime social qui s'appellerait chez nous *le cléricalisme*. C'est heurter de front les idées admises et les principes des faux libéraux. Nous le regrettons ; mais la vérité avant tout. Ce n'est pas en révélateur fantaisiste, c'est après un séjour de plusieurs années aux Etats-Unis, comme au Canada, que nous proclamons ici la supériorité de la colonisation franco-canadienne sur celle des Anglo-Saxons. Les faits sont éclatants, irréfutables. Partout où s'établit le Canadien, il s'enracine dans le sol, et s'assimile le colon de race britannique, à moins que son rival découragé ne batte en retraite.

Un exemple bien frappant de cette puissance d'absorption se trouve à trente lieues en aval de Québec, sur le Saint-Laurent, dans une anse pittoresque, appelée par Champlain la Malbaie. Vers 1761, cette région fut concédée en fief seigneurial à sir John Murray, général en chef des forces anglaises. Sir Murray, soucieux de créer des intérêts britanniques sur la terre conquise, licencia sur son domaine un régiment de highlanders écossais, donnant à chaque soldat une ferme en propriété. Cinquante ans après, les petits-fils de ces loyaux vétérans étaient complètement francisés. Cet endroit est aujourd'hui le rendez-vous favori des touristes et des baigneurs fashionnables pendant les chaleurs de juillet et d'août. Ses collines dominent le cours majestueux du Saint-Laurent. A l'horizon, de hautes montagnes boisées rappellent les paysages des Vosges ou des Alpes. Au fond d'une vallée riante est la petite ville fondée par les montagnards écossais. Tout vestige de l'origine primitive en a disparu, à part les noms patronymiques Mac-Pherson, Mac-Donald, Stephenson, etc. La langue anglaise n'y fait apparition que comme étrangère, pendant la saison d'été.

Victorieuse et définitivement maîtresse du bas Saint-Laurent, la race française fait, chaque jour, de nouveaux progrès vers le sud. Elle pénètre déjà profondément dans la province du Nouveau-Brunswick, par quatre comtés : Victoria, Ristigouche, Gloucester et Kent. Dans ces quatre districts, la population anglaise réunie compte 22,000 âmes ; l'élément franco-canadien 32,000. Dans ces parages, il trouve à se fondre avec les descendants de ces familles acadiennes, qui furent violemment expulsées de la côte et transportées en 1755 par la flotte anglaise de l'amiral Boscawen. Un grand nombre de ces proscrits, paraît-il, mûs par une attraction invincible, sont revenus vers la terre natale. Leurs descendants sont aujourd'hui clair-semés dans les provinces du Nouveau-Brunswick, de la Nouvelle-Ecosse et dans l'île du Prince-Edward. On évalue leur nombre à plus de 100,000 âmes. La fécondité de leurs familles est prodigieuse. Treize d'entre elles ont formé huit paroisses florissantes dans les comtés de Digby et d'Yarmouth (sud de la Nouvelle-Ecosse). Ainsi la race française reconquiert, à pas lents mais sûrs, la terre dont elle fut injustement expropriée au siècle dernier..

La renaissance de cette population dans les provinces maritimes a surexcité les inquiétudes anglaises et ravivé le débat sur les écoles mixtes. La législature du Nouveau-Brunswick, pour combattre l'élément français, a mis son espoir dans les écoles anglo-protestantes et grevé ses communes d'une taxe spéciale, destinée à couvrir les frais de cet enseignement. Cette mesure a soulevé de grandes protestations parmi les franco-catholiques. Beaucoup de communes ont refusé le paiement du nouvel impôt. Le foyer de la résistance s'était établi dans le bourg de Caraquette, petit port de 4,000 âmes, au nord du Nouveau-Brunswick. Le gouvernement provincial voulut en avoir raison par la force. Mais ses émissaires furent reçus par les Canadiens à coups de fusil. Un shérif et deux miliciens furent tués (décembre 1874).

Cet événement causa dans toute l'Amérique du nord une grande sensation. Aux Etats-Unis, ce fut un cri général contre l'ignorance et le fanatisme de ces malheureux Canadiens, armés par leurs prêtres contre les bienfaits de l'instruction. Pendant deux mois, les revues de New-York publièrent des gravures où l'on voyait le pape et les jésuites faisant des hécatombes de shériffs et livrant à leurs égorgeurs les missionnaires du progrès. Sur l'arrière-plan, apparaissaient le général Grant, le prince de Bismark et M. Gladstone, la phalange des émancipateurs, conduisant des troupes d'enfants

dans les sanctuaires de l'intelligence, aux applaudissements de tout
le genre humain.

> Quare relligio pedibus subjecta, vicissim
> Subteritur, nos exæquat victoria cœlo.

Comme toutes les publications inspirées par la même ten-
dance, ces tableaux donnent une idée fort inexacte du conflit.
De tous les États qui composent la confédération canadienne, le
Nouveau-Brunswick est, sans contredit, le plus arriéré. L'inté-
rieur consiste en forêts incultes et n'est encore connu que par
le récit de quelques explorateurs. La population, groupée sur
les côtes, est formée principalement de pauvres pêcheurs, Écossais,
Irlandais, pour la plupart, dont la condition sociale est digne de
pitié. Ces malheureux sont tenus dans un véritable servage par
quelques maisons de commerce, dont les chefs vivent dans l'opu-
lence à Londres ou à Liverpool et principalement à Jersey. Le pro-
cédé de ces maisons est bien simple : achetant la morue, le hareng
et le saumon qui leur sont apportés par masses énormes, elles paient
les pêcheurs en nature, avec des vêtements, outils, objets divers
de consommation, souvent même avec de la viande salée. Pour la
vente, comme pour l'achat, le pêcheur est donc à leur discrétion.
Pour s'affranchir, il lui faudrait faire violence à sa nature, cultiver,
s'élever à la dignité de propriétaire : or, tout est combiné pour le
maintenir dans la sujétion. Les terres divisées en seigneuries sont
possédées, sur une immense étendue, par ces mêmes maisons, maî-
tresses absolues de tous les marchés. Elles ne cèdent leurs terrains
qu'à titre de fermage, et sous les conditions les plus onéreuses.
Presque tous leurs tenanciers, après de vains efforts pour se libérer,
se découragent et retournent à la pêche, qui perpétue leur vassalité.
On le voit : c'est la main morte féodale sous la forme la plus oppres-
sive. Eh bien ! ce sont ces hauts et puissants seigneurs du hareng
salé qui légifèrent, par leur correspondants, à Saint-Jean, capitale
du Nouveau-Brunswick, et qui, pour élever la condition du peuple,
veulent substituer l'enseignement anglo-biblique à celui de l'Église
romaine. On conçoit que ces messieurs soient gênés dans leur
omnipotence, par l'ascendant qu'exerce en dehors d'eux un mis-
sionnaire ou curé de village, et qu'ils se votent à eux-mêmes une
religion d'État, comme Henri VIII. Ne sont-ils pas la race conquérante ? Ne suivent-ils pas la tradition de sir Guy et de M. Ryland ?
Apôtres de l'enseignement laïque, ils ont de plus l'agrément de se
voir célébrer, comme adversaires du *Syllabus*, par la presse libre-
penseuse des deux hémisphères.

Les insurgés de Caraquette furent traduits en cour d'assises pour meurtre et pour résistance à la loi. La presse anglaise demandait qu'ils fussent condamnés à mort. De son côté, le clergé catholique prit courageusement leur défense. Des souscriptions furent ouvertes, des quêtes faites dans toutes les églises et dans la cathédrale même de Québec, *pour les catholiques de Caraquette et pour leurs familles.*

Après dix-huit mois d'enquêtes et de confrontations contradictoires, le procès s'est enfin terminé par l'acquittement en masse des accusés. Dénouement singulier, mais qu'explique l'obligation où se trouvaient les juges de choisir leurs jurés dans le sein d'une population au cinq sixièmes catholique.

L'Eglise romaine l'a donc encore emporté dans cette circonstance, par sa cohésion, la solidarité de ses membres et la résistance imperturbable qu'elle oppose à ses adversaires. Avec elle a triomphé la cause des écoles séparées dans le Nouveau-Brunswick. La liberté de l'enseignement est aujourd'hui conquise dans cette province par les catholiques et tout le profit de cette victoire sera pour les Franco-Canadiens. Car cet élément, dans tous les débats confessionnels, combat au premier rang et domine les autres. Un collége français s'est fondé, tout dernièrement, par les soins de prêtres français, dans le comté de Gloucester sous le nom poétique d'Académie acadienne. On y professe le latin, le grec et toutes les études classiques. L'importance de cette institution est considérable ; car elle crée pour cette population de pêcheurs un centre intellectuel, c'est-à-dire une force qui les tirera bientôt de leur dépendance.

Passons maintenant sur la rive nord du fleuve Saint-Laurent, envisageons les vastes régions qui s'étendent du Labrador aux lacs de l'ouest, nous y trouverons un spectacle encore plus digne d'intérêt.

A cinquante lieues de Québec, du côté de l'est, s'étend une contrée montagneuse, couverte d'immenses forêts et considérée, jusqu'au milieu de notre siècle, comme inhabitable, hormis pour quelques tribus indiennes, vivant de la chasse. Dans cette région coule un large fleuve nommé le Saguenay, réputé pour ses eaux profondes et pour l'aspect sauvage de ses rives ; il se jette dans le Saint-Laurent à Tadousac, premier établissement de Champlain.

Le Saguenay reçoit les eaux du lac Saint-Jean, long de quinze lieues sur dix de large, alimenté lui-même par plus de douze rivières et situé vers le 49° de latitude nord. De tout temps, les missionnaires, dans leurs récits, avaient signalé la beauté du pays, l'excellence des terres et la douceur relative du climat. Plusieurs commissaires y furent envoyés, à différentes époques, par l'administration canadienne ; leurs rapports occupèrent quelque temps

l'opinion publique, mais aucun essai sérieux n'en sortit. « La colo-
« nisation du Saguenay, disait un de ces explorateurs, en 1829, ne
« peut être que l'entreprise d'un gouvernement ou d'individus à
« fortunes colossales. » Ajoutons que les Anglais, étant conces-
sionnaires de ces solitudes, y faisaient un fructueux commerce de
fourrures, et que, peu soucieux d'être expropriés, ils s'entendaient
avec les sauvages pour décourager les colons.

Ces belles contrées seraient peut-être encore désertes à l'heure
actuelle, sans l'initiative de quelques curés ou vicaires catholiques,
qui se transportèrent courageusement avec leurs paroissiens dans
cette direction. Ces intrépides pionniers étaient les abbés Racine,
Beaudry, Boucher, Tremblaye et principalement M. l'abbé Hébert,
curé de Kamouraska. Leur énergie, leur constance suscitèrent les
colons par centaines et triomphèrent de tous les obstacles. Sous
leurs auspices, une association fut formée pour le défrichement des
terres, au bord du lac Saint-Jean. Le travail fut fait en commun,
puis les lots furent tirés au sort. Nulle dispute, nul procès ne trou-
blèrent, dans cette Icarie chrétienne, les opérations du partage. Ces
faits se passaient en 1848, à l'heure même où les utopies socialistes
déchaînaient sur notre vieille France toutes les fureurs de la guerre
civile.

Les défrichements sur les bords du lac Saint-Jean embrassent
aujourd'hui 50,000 acres, en parfait état de culture. Les terres produisent le plus beau blé de tout le Canada. De beaux villages, Saint-
Alphonse, Saint-Alexis, Hébertville, bordent les rives du lac et du
fleuve. Le principal centre, Chicoutimi, est une ville de 3,000 âmes,
dont le port envoie, par an, plus de trente navires chargés de bois
en Europe. Chicoutimi s'élève rapidement au rang d'une ville importante. Pour activer son développement, l'initiative catholique
vient d'y fonder un collège. Un chemin de fer est à l'étude, en ce
moment même, pour relier, à travers la chaîne des Laurentides, la
région du lac Saint-Jean à Québec.

Toutes ces conquêtes sur la vie sauvage sont encore dans une
période militante. Il est trop tôt pour les célébrer. Notre âge n'est
pas de ceux que l'on touche par des peintures bucoliques. Les vertus patriarcales le laissent froid. Ne cherchons pas à l'attendrir sur
une société de paysans et de prêtres. Sa poésie, à lui, c'est la fumée
du charbon, l'activité fébrile de l'usine ; ce sont les mouvements des
capitaux, les opérations de banques, les chemins de fer et principalement les grandes villes avec leur animation, leur bourgeoisie
affairée et leur prolétariat sans croyances. Mettons donc cette étude
en harmonie avec notre siècle et portons-la sur Montréal, la métropole du Saint-Laurent, le grand emporium des deux Canadas.

V

Montréal, ville de 150,000 âmes, offre un aspect à part dans le Canada. Les éléments anglo-saxon et français s'y balancent en proportions à peu près égales. Les deux races vivent côte à côte, isolées l'une de l'autre, comme deux fleuves qui couleraient dans le même lit, sans mêler leurs eaux.

De bonne heure, les Anglais ont compris l'importance de Montréal et fait d'énergiques efforts pour s'assurer cette position. Au lendemain même de la conquête, ils s'y fixaient en nombre considérable, aidés par des capitaux abondants, la protection du gouvernement officiel et la puissance commerciale de la métropole. Sous leur impulsion, la ville a pris un brillant essor, et rivalise depuis longtemps avec les grands ports des Etats-Unis, pour les exportations en Europe. De magnifiques canaux, des lignes de chemins de fer, un immense pont jeté par Stephenson sur le Saint-Laurent, attestent une puissance déjà colossale et lui promettent les plus brillantes destinées. Montréal renferme des quartiers élégants et quelques constructions monumentales assez réussies. Malheureusement, les plus belles rues sont déparées par une bigarrure d'églises appartenant à tous les cultes possibles (anglican, méthodistes, presbytérien, baptiste, unitairien, universaliste, etc.), et combinant les effets les plus disgracieux. Ici, des tours gothiques, terminées en clochetons, surmontent d'informes bâtisses, aux murailles tristes et nues ; là des fioritures italiennes, de petites coupoles écrasées; plus loin, des portiques grecs fraternisent avec l'arabesque, mariant le Parthénon avec l'Alhambra. Tous les pays, tous les siècles, ont été mis à contribution, tous exhibent leur défroque, dans cette friperie architecturale. Devant cette promiscuité, l'anglo-saxon est heureux : il triomphe des vieilles civilisations et entrevoit sa grandeur à venir. Mais le connaisseur éprouve une véritable tristesse : quel goût étrange a donc réuni sur un point tant de difformités esthétiques comme pour attester aux générations futures l'ignorance et la stérilité présomptueuses de notre siècle ?

Pendant longtemps, les Anglais ont monopolisé les capitaux, le mouvement commercial et l'esprit d'entreprise. Ils ont encore aujourd'hui la part prépondérante dans les grandes affaires. Cette supériorité s'explique aisément : arrivés en dominateurs, ils ont formé, pendant longtemps, une caste privilégiée. La liberté, la faveur du pouvoir favorisaient l'essor de leur génie mercantile. Les Canadiens, exclus des places, surveillés par une police ombrageuse, se renfermaient, comme toutes les races opprimées, dans l'agriculture. Ces différences sont effacées aujourd'hui. L'audace, l'esprit entreprenant sont venus aux Canadiens avec le sentiment de l'indépendance. Plusieurs d'entre eux ont gagné dans le commerce et dans l'industrie de jolies fortunes; mais parmi ces favoris de Plutus, un certain nombre ont la faiblesse de s'anglifier, comme s'ils rougissaient de leur origine. A la première place parmi leurs compatriotes, ils préfèrent l'admission parmi leurs anciens persécuteurs. Plusieurs affectent une roideur toute britannique et font semblant d'avoir oublié leur langue maternelle. Frappés de ces apostasies singulières, des voyageurs en ont conclu que notre idiome se perdait parmi les classes supérieures, et que, relégué dans les campagnes et dans les forêts, il tomberait bientôt au rang d'un patois [1]. L'assertion est tout à fait erronée et témoigne d'une observation bien superficielle. Des plumes compétentes l'ont suffisamment réfutée. Elle ne peut même s'expliquer que par la promptitude d'intuition qui distingue certains touristes et qui leur permet de dogmatiser sur un peuple ou d'en révéler tous les traits caractéristiques, après quelques invitations à dîner.

Loin d'être en baisse à Montréal, l'élément français y progresse au contraire avec une étonnante rapidité. D'après les derniers recensements, cette ville contient 146,000 âmes, dont 76,000 Canadiens-Français, 35,000 Irlandais, et près de 40,000 Anglais, Écossais, Allemands, Suédois, etc. Mais le nombre des enfants, chez les Canadiens, est à ceux des autres races comme 65 à 32. On peut donc affirmer avec certitude qu'avant vingt ans, le groupe canadien formera, dans Montréal, une majorité imposante. Ni la conquête, ni la ploutocratie n'auront arrêté son essor.

L'accroissement de Montréal, comme centre industriel et commercial, peut s'induire des chiffres suivants : en 1864, le tonnage des navires fréquentant ce port était de 161,901 tonneaux. En 1875, il s'est élevé à 386,112 tonnes. Trois magnifiques lignes de bateaux à vapeur relient cette ville à l'Europe. La principale d'entre elles, la ligne Allan, est une des plus importantes du monde entier, par la force de ses navires et l'habileté de ses capitaines. Pendant plusieurs mois de l'année, ses voyages s'effectuent au travers des montagnes de glace, descendant du pôle, sans diminution pour la vitesse ou la sécurité des transports.

Montréal envoie en Europe des millions de barils de blé, orge, avoine, farine, etc. Le total de ses exportations s'élève a 20 millions de dollars (105 millions de francs.) Ses manufactures ont pris aussi depuis quelques années une certaine importance. Les principales pro-

---

[1] M. Duvergier de Hauranne, *Huit mois en Amérique.*

ductions en ce genre sont : la farine, les chaussures, les fourrures, le caoutchouc, les selleries, ouvrages de fer, raffineries de sucre, tabacs, menuiseries, meubles, objets de mode, etc. Toutes ces fabrications réunies représentaient, en 1875, une valeur de 33 millions de dollars, (environ 175 millions de francs). L'industrie montréalaise a figuré tout récemment, de la manière la plus honorable, à l'exposition de Philadelphie.

Un désir assez général, chez les Montréalais, serait d'activer ce développement par une élévation de tarifs douaniers. Aussi toutes leurs sympathies sont-elles pour le système protecteur. Ajoutons que l'économie politique n'est pas encore, pour les Canadiens, une science à principes bien déterminés. Ce n'est guère qu'un accessoire des luttes politiques, un instrument plus ou moins souple entre les mains des partis. La protection est aujourd'hui soutenue comme un dogme par les conservateurs. Les libéraux, au contraire, sont libres-échangistes. Cette répartition des rôles est fort singulière, car la protection aurait pour effet de renchérir les conditions de la vie pour les classes rurales, qui forment l'appui principal des conservateurs ; elle augmenterait la prépondérance des villes et des bourgs, plus accessibles que les campagnes aux influences démocratiques. Elle devrait donc être réclamée plutôt par les libéraux et les anglo-protestants, promoteurs d'un mouvement industriel, admirateurs des Etats-Unis. Mais dans la polémique canadienne, la logique est subordonnée aux questions de personnes. Absorbés par la dispute du pouvoir, les partis s'inquiètent peu de mettre de l'ordre et de l'accord dans leurs théories.

C'est le moment de donner quelques indications sur la presse. Montréal compte sept ou huit journaux dans notre langue. La plus importante de ces feuilles est la *Minerve*, qui compte plus de quarante ans d'existence, et qui peut être considérée comme l'organe par excellence de la nation franco-canadienne. Rédigée par des écrivains d'un certain mérite, elle fait preuve, en toute occasion, d'une affection filiale pour la France, traite avec intelligence et patriotisme les questions locales et se distingue principalement par son ardeur contre la faction anglo-protestante. Peut-être dans son zèle dépasse-t-elle parfois la mesure : mais c'est le défaut spécifique de toute la presse canadienne : les discussions y pèchent par excès de couleur et dégénèrent beaucoup trop souvent en diatribes. Mieux avisés et moins inféodés à la rhétorique, les journaux anglais renseignent leur public sur les questions utilitaires, s'abstenant, autant que possible, de dogmatiser. Plusieurs, tel que le *Globe*, le *Mail*, le *Hérald*, se spécialisent pour les intérêts professionnels et publient des études souvent remarquables sur l'industrie, le commerce, la navigation et l'agriculture. Dans une agrégation coloniale, le journalisme ne devrait pas se proposer d'autre ambition. C'est se méprendre gravement, ce nous semble, que de transporter sur un tel théâtre le ton passionné, la véhémence et les effets oratoires de notre vie publique.

Pour justifier les feuilles canadiennes, on doit dire que pendant longtemps elles ont été les organes d'une race persécutée, et que dans ce rôle, l'animosité, l'amertume, étaient pour elles des vertus d'office. L'irritabilité de ces journaux s'explique encore, à l'heure actuelle, par l'antagonisme des races qui se retrouve dans toutes les questions, les envenime, et des plus insignifiantes fait surgir parfois de très-graves conflits. La preuve en est dans l'affaire Guibord, qui, pendant cinq ans, a provoqué, dans la presse canadienne, les discussions les plus irritantes, et failli se dénouer par une collision sanglante sur la voie publique.

M. Guibord était un imprimeur de Montréal, jouissant d'une réputation honorable et faisant partie d'une association littéraire, nommée Institut canadien, qui se compose principalement de protestants et de philosophes. L'évêque de Montréal, Mgr Bourget, mécontent de l'esprit irréligieux qui régnait dans cette société, interdit les sacrements à ses membres. A ce moment, M. Guibord étant tombé gravement malade, demanda les secours d'un prêtre. Mais n'ayant pas voulu se reconnaître coupable pour sa participation à l'Institut canadien, ne put obtenir l'absolution. Il mourut. La paroisse de Notre-Dame refusa la sépulture catholique à ses restes. Guibord fut alors inhumé dans un cimetière protestant. Mais sa veuve et l'Institut canadien intentèrent un procès à l'évêque de Montréal, prétendant qu'il avait outre-passé ses pouvoirs, en excluant de la sépulture confessionnelle un membre orthodoxe de sa communion. Ils perdirent en première et en seconde instance ; mais s'obstinant dans leur lutte et soutenus par la ligue anglo-protestante, ils portèrent la cause à Londres, au conseil privé de la Reine, et mirent en mouvement toutes les influences anticatholiques du Parlement et de la Cour, afin de triompher. Le banc de la Reine hésita longtemps, et pensa, dit-on, à se récuser. Rien de plus douteux, en effet, que la compétence de l'Etat en pareille matière, dans un pays où les Eglises ont leur pleine indépendance et ne reçoivent du budget aucune subvention. Après trois ans de débats, la théorie adverse prévalut. Le Conseil privé, cassant l'interdiction de l'évêque, décida que Guibord avait droit à la sépulture catholique, et que son corps serait réintégré dans le cimetière de sa confession.

Cette sentence fut rendue au mois d'août 1875. La veuve de Guibord était morte. Son avocat, M. Doutre, et ses amis de l'Institut canadien allèrent exhumer le cercueil du typographe réhabilité, le placèrent sur un char funèbre et l'escortèrent vers le champ de repos catholique. Mais à l'entrée même du cimetière, les attendaient cinq ou six cents Canadiens, résolus à leur barrer le passage. Une volée de pierres fondit sur le cortége de Guibord et changea sa marche triomphale en déroute. Le corbillard rebroussa chemin, le cercueil dut être replacé dans son caveau primitif. M. Doutre accusa le clergé, la police, et mit en réquisition les forces militaires. Sur son appel, les volontaires anglo-protestants affluèrent du Haut-Canada, se déployèrent dans les rues de Montréal et mirent des canons en batterie, comme pour la répression d'une émeute. Enfin, après trois semaines d'armement et de préparatifs formidables, le corps de Guibord fut exhumé de nouveau, dirigé vers le cimetière catholique, y fut introduit et déposé sans obstacle. Espérons qu'il ne sera plus troublé dans sa sépulture.

On voit par cet exemple que le clergé canadien a parfois l'orthodoxie ombrageuse ; mais il serait injuste d'en conclure qu'il est intolérant. Ce corps, pris en masse, est animé de l'esprit le plus modéré. Content de son influence, il ne cherche nullement à l'étendre, il n'a pas non plus l'humeur batailleuse, et, le plus souvent, répond par le silence et par un flegme imperturbable aux diatribes de ses adversaires. On l'a vu même tout récemment, par ses organes les plus autorisés, blâmer et désavouer le zèle excessif déployé par quelques-uns de ses membres. Au plus fort d'une polémique, suscitée l'année dernière par les élections législatives, un mandement de Mgr Taschereau, archevêque de Québec, a répudié formellement la prétention d'influencer en chaire les votes des fidèles : « Notre mission, dit ce prélat à ses ouailles, n'est pas de vous désigner un candidat ; pour être en règle avec l'Eglise, il vous suffit de voter honnêtement et selon votre conscience ! » Dans une instruction additionnelle adressée aux prêtres de son archidiocèse, Mgr Taschereau leur défendait d'exprimer leur opinion publiquement, soit dans l'Eglise, soit même hors de l'Eglise, de parler politique, élection, etc., dans leurs visites aux malades, dans leurs tournées pastorales, dans les assemblées de fabriques ou toutes occasions semblables. Défense leur était également faite d'écrire, dans les journaux, sur les mêmes sujets, sans l'autorisation épiscopale. Bref, le mandement condamnait d'une façon absolue toute immixtion professionnelle du clergé dans les conflits politiques.

Cette publication produisit un grand effet dans tout le Canada ; elle surprit les libéraux, comme les conservateurs. Car Mgr Taschereau passait pour un esprit timide et dépourvu d'initiative. Mais la surprise fut plus grande encore quand on sut, qu'avant de promulguer son mandement, il l'avait soumis à Rome, et qu'il entrait en ligne couvert par l'approbation du Saint-Siége.

Il paraît que la Curie romaine, très-sympathique aux conservateurs canadiens, les trouvait cependant trop fougueux et trop prodigues d'anathèmes ; elle était fatiguée du bruit suscité autour de questions minimes, et se refusait à fulminer à l'appui d'ambitions locales pour changer des ministères ou déplacer des majorités. L'ardeur de Mgr Bourget, dans l'affaire Guibord, avait trouvé dans la Consulte peu d'approbateurs. Rome sait accepter les luttes nécessaires, et possède au plus haut degré le génie de la résistance, mais elle ne recherche pas les combats. C'est vainement que l'évêque de Montréal et ses adhérents ont voulu l'amener à leurs vues, en insistant sur les périls du « libéralisme » et sur l'urgence d'en intimider les fauteurs ; vainement qu'ils ont dénoncé au Vatican l'université Laval, patronnée par l'archevêque de Québec, l'accusant d'émettre des doctrines menaçantes pour la religion, de recevoir des professeurs libéraux, et même protestants. Insensible à ces doléances, le Saint-Siége a fermement soutenu Mgr Taschereau dans son rôle de modérateur, et conféré à l'université Laval l'investiture canonique. Quelque temps après, l'évêque de Montréal donna sa démission, qui fut acceptée. Quelques démarches furent faites, par ses amis et par les partisans de ses idées, pour la désignation de son successeur. Mais le choix de la Curie était fixé depuis longtemps sur un prélat connu par sa modération et son caractère conciliant, Mgr Fabre, évêque de Gratianopolis, coadjuteur au siége de Montréal depuis quelques années. Son intronisation s'est faite l'année dernière, vers le milieu de septembre, au moment même où l'université Laval célébrait, dans une cérémonie touchante, sa promotion canonique. Double victoire pour les modérés, qui figurera, nous l'espérons, comme une date heureuse dans les annales canadiennes ! Car elle met fin à des discussions orageuses, qui, mêlant la religion à la politique, divisaient la nation en deux camps, à la grande joie de ses adversaires. Sans pression extérieure, par une renonciation spontanée, le sacerdoce canadien a quitté l'arène où se débattent les partis et s'est mis en dehors de leurs compétitions, tout en maintenant sa grande mission nationale. Rien de plus noble ni de plus patriotique assurément qu'une telle attitude ; rien qui réfute plus victorieusement les détracteurs pseudo-libéraux du catholicisme ? Eh bien ! c'est au Saint-Siége qu'en revient l'honneur principal, au Saint-Siége qui, dans cette circonstance, a fait preuve d'une modération, d'un tact, d'une sûreté de vues, dignes d'être médités par nos politiques.

VI

Pour compléter notre aperçu du Bas-Canada, donnons maintenant quelques détails sur la région de l'ouest, qui confine à la province d'Ontario, district fertile et d'un climat beaucoup plus doux que toute la partie orientale. Cette contrée, connue sous le nom d'Outaouais ou d'Ottawa, comprend un territoire de 800 milles de long, sur 300 ou 350 de large, s'étendant au nord depuis les sources de la rivière Ottawa jusqu'au comté de Berthier sur le Saint-Laurent; à l'ouest, depuis le lac Temiscamingue jusqu'aux sources de la rivière Gatineau. Sa superficie dépasse celle de l'Irlande. Arrosé par onze grandes rivières et par une multitude de lacs, ce pays est magnifiquement doté pour toute espèce de culture. Il nourrirait sans peine huit ou neuf millions d'habitants. Mais ce n'est guères, à l'heure actuelle, qu'une immense forêt, parcourue par des tribus indiennes et, de loin en loin, clair-semée de quelques villages.

La colonisation de l'Outaouais a commencé, de nos jours, vers 1850, par l'initiative d'émigrants, originaires d'Ecosse ou d'Irlande. Mais ici, comme dans les comtés de l'est, dans le nouveau Brunswick et partout, le Franco-Canadien s'est infiltré goutte à goutte et tend à submerger les autres éléments. On le voit apparaître par groupes de vingt et de trente familles, dans les premières statistiques. Dès le second recensement, il arrive presqu'à l'égalité. Des centaines de petits Canadiens surgissent, comme de dessous terre, s'ébattent sur la voie publique et, sans respect pour la race conquérante, échangent de vigoureux coups de poings avec les rejetons de la Grande-Bretagne. A cette vue, l'Anglais devient mélancolique; les plus tristes pronostics l'assiégent, et pour la première fois, il se prend à douter de son avenir, comme si ces voix enfantines lui criaient : « Frère, il faut mourir. » Dans ce croît exubérant, il pressent une prochaine majorité d'électeurs, un peuple qui l'enfermera, lui et les siens, comme dans un étau, qui francisera ses petits enfants ! Le seul obstacle à cette absorption serait un luxe égal de progéniture; mais ici l'esprit entreprenant, le *go ahead* britannique l'abandonnent; il craint les mauvaises années, les faillites des créanciers, les vicissitudes du sort; bref, il n'ose engager la lutte; il aime mieux plier sa tente et retourner dans Ontario; là, du moins, ses oreilles, ses yeux ne seront plus attristés par les progrès d'une race importune. Il repasse donc l'Ottawa; mais, ô malheur! *Post equitem sedet atra cura.* Son ennemi implacable enjambe le fleuve derrière lui, s'installe, cultive et se multiplie sans pudeur sur la rive anglaise. C'est ainsi que deux comtés du Haut-Canada, Russell et Prescott sont tombés au pouvoir d'une majorité canadienne. D'autres progrès plus importants se préparent, et la race français-e, comptant déjà dans la province plus de cent vingt mille âmes, a la prétention, assure-t-on, de conquérir, aux prochaines élections, douze siéges dans le parlement d'Ontario et d'y réclamer l'usage de sa langue. Mais nulle part sa marche ascendante ne s'affirme plus hautement que dans la cité même d'Ottawa.

Cette ville est la capitale du Dominion. On sait qu'elle fut promue à cette dignité par la reine. Les circonstances qui présidèrent à ce choix sont curieuses : sous l'union des deux Canadas, le siége du gouvernement n'était pas fixe. Québec, Montréal, Toronto le possédèrent alternativement. Aucune de ces villes ne voulant céder la prééminence, la reine fut priée de trancher le débat; en réalité, ce furent les ministres canadiens qui choisirent. Ces messieurs, Anglais pour la plupart, repoussèrent les prétentions de Québec et de Montréal, mais ne purent faire agréer Toronto. L'idée leur vint alors de susciter pour la confédération canadienne une capitale artificielle, émule de Washington aux Etats-Unis. Pour cette création, ils jetèrent les yeux sur une petite ville, nommée Bytown, qui s'élevait sur les limites des deux provinces et qu'ils baptisèrent du nom indien d'Ottawa. Sa situation, au point de vue anglais, était fort heureuse, car toutes les colonies avoisinantes, étaient alors exclusivement britanniques. Des constructions monumentales, d'un style romantique, furent édifiées, à grands frais, pour recevoir le Parlement et les ministères. Un assemblage assez confus de tourelles gothiques se dressa fastueusement sur les bords escarpés du fleuve, donnant aux yeux canadiens une reproduction plus ou moins heureuse de Windsor. Les patriotes d'Ontario triomphaient. O déception! Après dix ans à peine d'existence, la nouvelle capitale se francise, pour ainsi dire, à vue d'œil. En face d'elle, une petite ville nommée Hull, peuplée de douze mille Franco-Canadiens, centre industriel, déjà réputé par ses scieries et son commerce de planches, atteste les progrès victorieux de cette race et la rapide francisation du pays.

Telle est l'étendue des territoires embrassés par la confédération canadienne que toutes les provinces énumérées jusqu'à présent dans cette notice en forment seulement une minime partie. A l'Ouest s'étend une région immense longeant la côte septentrionale du lac Huron, de la baie Géorgienne, du lac Supérieur, formant ensuite les vallées de l'Assiniboine, de la Rivière-Rouge, de l'Athabaska, du Mackenzie et se terminant aux Montagnes-Rocheuses. Pendant deux siècles, cette partie du monde était considérée comme inhabitable, excepté pour quelques tribus indiennes et pour les chasseurs de fourrures. On y voyait de loin en loin quelques forts appartenant à la Compagnie de la baie d'Hudson, et séparés les uns des autres par deux ou trois cents lieues de déserts. De nos jours, on a découvert dans ces pays de nombreuses ressources, une grande fertilité naturelle, des richesses minières en cuivre, en charbon, et même, dit-on, en métaux précieux; par une singularité remarquable, le climat s'adoucit à mesure qu'on s'avance vers l'Ouest. Ainsi les rives de l'Assiniboine et du lac Winipeg, situés au 51ᵉ degré de latitude, sont moins froides que les districts de Québec et de Trois-Rivières, situés au 47ᵉ. L'hiver y dure moins longtemps, la neige y tombe avec moins d'abondance.

Une autre surprise attendait dans cette contrée les explorateurs. Ces prétendus déserts étaient habités et même en partie colonisés par une race singulière, née du croisement d'Indiens avec des Européens, et s'appelant en anglais *halfbred*, en français *bois-brûlés*. La plupart étaient issus de mariages entre les Franco-Canadiens et les indigènes. Leur langage était le français; ils professaient la religion romaine. Dans ce pays encore, la civilisation trouvait sa tâche préparée par les missionnaires catholiques.

À cette nouvelle, le Haut-Canada s'émut : n'était-ce pas assez de voir l'embouchure du Saint-Laurent occupée par une nationalité rivale ? Fallait-il encore la retrouver au nord et à l'ouest, enserrant de toutes parts la race anglo-saxonne et lui fermant l'horizon ? Pour conjurer ce péril, on résolut d'envoyer vers la rivière Rouge un courant d'émigration britannique. En même temps, on crut opportun de prendre en main la direction administrative du pays, et l'on fit décréter par la législature d'Ottawa l'annexion au Dominion de ce territoire, qui reçut le nom de province de Manitoba. Un gouverneur fut envoyé par la confédération à Winipeg, bourg de deux ou trois mille âmes, situé à l'embouchure de la Rivière-Rouge dans le lac, et capitale du pays. Ces faits se passaient en 1869.

Pour accomplir ces changements, le gouvernement fédéral avait négocié la cession de Winipeg et de ses dépendances avec la compagnie de la baie d'Hudson, souveraine nominale du pays. Une vente en forme avait eu lieu, moyennant une somme de 300,000 piastres. Le contrat était parfaitement en règle et l'exécution en paraissait toute simple. Elle se heurta à une opposition formidable. — Par une témérité singulière, ces métis, ces demi-sauvages de la Rivière-Rouge se permirent de trouver mauvais qu'on disposât d'eux sans les consulter. Peu touchés par l'honneur que leur faisait le Dominion en les absorbant, ils refusèrent de s'associer à ses destinées, et prirent les armes pour sauvegarder leur indépendance. Commandés par deux Canadiens fort résolus, nommés Riel et Lépine, ils s'emparèrent du fort Garry, forte position militaire qui commande entièrement le pays. A ce moment même arrivait le nouveau gouverneur, M. Mac-Dougall, nommé par le cabinet d'Ottawa. Ce gentleman fut arrêté par une patrouille d'insurgés, sur la frontière des Etats-Unis : — Qui vous envoie? demanda M. Mac-Dougall aux émissaires de Riel. — Le gouvernement. — Quel gouvernement? — Celui que nous avons fait. Cette définition fantaisiste du gouvernement civil scandalisa beaucoup M. Mac-Dougall. Il combattit ces notions fausses, essaya d'éclairer les rebelles sur les vrais principes en matière de souveraineté. Mais ses arguments ne purent les convaincre. Il dut rebrousser chemin, et se retirer à Pembina, sur le territoire des Etats-Unis.

Riel et ses adhérents émirent une déclaration solennelle au nom du peuple de la Terre de Rupert et du nord-ouest.

« Attendu, disait ce manifeste, qu'un peuple a la liberté d'établir
« la forme de gouvernement qu'il croit le plus en harmonie avec ses
« besoins, aussitôt que le gouvernement auquel il est soumis l'aban-
« donne ou qu'il le soumet, sans son consentement, à un pouvoir
« étranger etc..., nous, les représentants du peuple, assemblés en
« conseil au fort Garry d'en haut, le 24 novembre 1869, après
« avoir invoqué le Dieu des nations, nous appuyant sur les principes
« fondamentaux *de la morale*, déclarons solennellement, au nom
« de notre Constitution et en notre propre nom, devant Dieu et
« devant les hommes, que nous refusons de reconnaître l'autorité
« du Canada, qui prétend avoir le droit de nous commander et de
« nous imposer une forme de gouvernement despotique etc., etc. »

Habent sua fata libelli. Les déclarations et les exposés de principes ont beau se ressembler : leurs destinées n'en sont pas moins très-diverses, comme celles des congrès et des Assemblées constituantes. Les uns ouvrent une ère de promission pour les peuples, et prennent rang dans les fastes de l'humanité, les autres contristent les âmes des bons citoyens, des sujets loyaux et provoquent de légitimes répressions. La déclaration des métis manitobains eut ce dernier lot.

L'insurrection, dans ses débuts, avait été fort heureuse. Le gouvernement canadien, pris au dépourvu, n'avait pas, pour l'étouffer, de force militaire. Riel et ses amis s'établirent sur la Rivière-Rouge en véritables dictateurs, faisant sanctionner leurs actes, par un conseil de douze membres, entièrement à leur dévotion. Ils étaient appuyés, plus ou moins ouvertement, par les employés de la compagnie d'Hudson, qui sentaient leur importance amoindrie par l'annexion de la province au Dominion, et surtout par les Américains du Minesota, du Visconsin et de tous les Etats limitrophes, qui, convoitant depuis longtemps le territoire de Rivière-Rouge, voyaient dans ce soulèvement une perspective ouverte à leurs projets d'annexion. Mais les colons anglais, déjà nombreux autour du lac Winnipeg, combattirent avec acharnement les métis. En correspondance régulière avec M. Mac-Dougall et le gouvernement canadien, ils excitèrent secrètement les sauvages à prendre les armes. Riel, pour les frapper de terreur, fit saisir les plus remuants d'entre eux et les enferma dans le fort Garry. Leur chef, nommé Scott, fut jugé par une commission militaire et fusillé comme « traître au pays. » Cette odieuse mesure, loin d'affermir le dictateur, éloigna et découragea ses amis. On ne vit plus dans son entreprise qu'une tyrannie à moitié sauvage, beaucoup plus menaçante pour la colonie et les intérêts naissants que le protectorat du Dominion. Deux mois après, quelques bataillons de milice envoyés par le gouvernement d'Ottawa furent accueillis en libérateurs. Riel ne put même pas engager de lutte et dut s'enfuir avec Lépine et ses principaux fauteurs aux Etats-Unis. Six ans après, tous deux reparurent à Winnipeg, se croyant compris dans une ordonnance d'amnistie. Mais ils furent saisis par les autorités canadiennes et traduits en justice pour rébellion et pour meurtre. Condamnés à mort, ils furent graciés par le gouverneur général, lord Dufferin, qui commua leur peine en bannissement. Riel atteint d'affection mentale, est, en ce moment, à Beauport, près de Québec, dans un asile d'aliénés.

Ainsi finit cet essai informe de république indo-canadienne, après avoir, en quelques mois, parcouru toutes les étapes révolutionnaires, depuis les formules théoriques jusqu'aux drames sanglants du jacobinisme. Aujourd'hui, les Manitobains sont dotés d'un régime parlementaire, avec responsabilité ministérielle, comme la Grande-Bretagne. Ils envoient six députés et trois sénateurs au parlement d'Ottawa. Ils ont la satisfaction de contribuer pour deux ou pour trois centièmes aux combinaisons qui font et défont les ministères du Dominion. Dans la province même, Anglais et Français sont en nombre à peu près égal, et se disputent avec ardeur la prépondérance. Mais un élément nouveau vient d'apparaître et changera prochainement les proportions respectives, c'est une immigration de Russes-Memnonites arrivés depuis deux ans, au nombre de quatre ou cinq mille têtes et renforcés de six cents Islandais. Il est peu probable que ces nouveaux colons gardent leur langue : tout fait croire qu'ils seront bien vite absorbés par les deux races qui sont en possession du sol. La nationalité qu'ils adopteront recevra de leur adjonction un renfort qui sera sans doute décisif. Ici, comme dans l'Est, la religion jouera dans la lutte un rôle important. C'est pour cela probablement que les memnonites, secte protestante, ont été recherchés comme renfort par le gouvernement d'Ontario. Partout la politique anglo-saxonne poursuit le même but et se fie aux mêmes procédés, au pied des Montagnes-Rocheuses, comme aux bords du fleuve Saint-Laurent. Partout aussi l'exubérance de la race française lui réserve les mêmes déceptions.

La colonisation de Manitoba s'étend aujourd'hui sur un parcours de deux cents ou de trois cents milles, le long du lac Winnipeg et du Saskatchewan, vulgairement appelé rivière Rouge. Au-delà s'étendent des contrées incultes, immenses forêts restées jusqu'à présent l'apanage exclusif de tribus sauvages. Seuls, des missionnaires Oblats les visitent et les parcourent dans tous les sens, pour la conversion des Indiens. Cet ordre, composé presque entièrement de prêtres français, a des stations dans tout l'Ouest. Un de ses membres, le père Pétitot, a tout récemment publié d'intéressantes relations sur les rives de l'Asthabaka, le lac de l'Esclave et la vallée du fleuve Mac-Kensie. La science s'est aventurée rarement dans ces régions polaires. Aussi la géographie consigne-t-elle précieusement dans ses annales les travaux de ces modestes apôtres. Leur zèle ne connaît point d'obstacles. Ils vont partout, bravant les privations, les intempéries, la rigueur du froid, pour faire pénétrer chez les sauvages les lumières du christianisme, les arracher à leur corruption, à leurs habitudes violentes et leur inculquer des principes moraux, fondement de toute civilisation. Il est difficile, nous le savons, d'intéresser notre siècle à ces intrépides pionniers de l'idée chrétienne ; ils n'entendent pas comme lui le progrès et l'amour de l'humanité. Force nous est cependant de reconnaître en eux les promoteurs d'un fait social dont nul ne peut nier l'importance : l'apaisement des tribus sauvages et leur réconciliation avec la race blanche. Le Canada compte une population indienne évaluée à 102,350 têtes, divisées en une multitude de peuplades, toutes guerrières, pourvues d'armes, de munitions, possédant tous les moyens de nuire. Eh bien ! toutes accueillent pacifiquement les colons de sang européen et vivent avec eux en bonne harmonie. Ces rapports amicaux sont attestés par les mariages entre les deux races, et par la multiplication des métis, produits de ces unions. Point de déprédations, point d'attaques à main armée ; les voyageurs isolés courent moins de risques au milieu des Peaux-Rouges, dans les forêts canadiennes, que les promeneurs nocturnes dans certains faubourgs de New-York ou de Philadelphie. Telle est l'œuvre opérée par les missionnaires catholiques sur les peuplades indigènes ; l'administration canadienne en comprend la grandeur, car elle traite avec bonté ces pauvres sauvages et, s'inspirant des traditions léguées par la France, remplit envers eux tous ses engagements. Elle s'abstient soigneusement de les troubler dans leurs occupations favorites, la pêche et la chasse; elle les assiste pendant l'hiver, par des secours en farine, lard, sel, tabac, vêtements, couvertures, distribués libéralement dans tous les postes fédéraux. Les petits-fils de Franklin professent d'autres maximes et traitent les aborigènes en ennemis; aussi quel contraste dans les conséquences! D'une part, la spoliation et la fraude portant pour fruits l'assassinat et le brigandage, une guerre tournant à la confusion des troupes régulières et couvrant de ridicule le gouvernement d'une grande république; de l'autre, une confiance réciproque, la sécurité des relations, une paix profonde rendant inutile le déploiement de toute force armée. Que M. Laboulaye, que M. Bancroft lui-même se prononcent entre les deux politiques; qu'ils disent laquelle des deux représente le mieux dans le monde la moralité, la justice et le génie civilisateur de l'Europe.

Notre intention n'est pas de déprécier les Etats-Unis, ni la colonisation britannique. Loin de faire à la race anglo-saxonne son procès, nous rendons hommage à son énergie, à son audace entreprenante, nous admirons le tableau grandiose qu'offre aujourd'hui son activité par toute l'Amérique du Nord. Nous combattons seulement son exclusivisme et la supériorité qu'elle s'arroge sur d'autres races, ses égales par l'intelligence, par le courage et par les services rendus à l'humanité. Nous combattons aussi ses préjugés, son hostilité séculaire contre le catholicisme, et les erreurs accréditées par ses publicistes sur les effets de cette religion. Il n'est point vrai, comme le prétend Macaulay [1], qu'elle énerve les volontés, engourdisse les âmes; que tout pays soumis à son influence doive s'étioler fatalement dans l'ignorance et la servitude. Il n'est point vrai que l'indépendance, la force morale et toutes les qualités viriles soient le monopole des sociétés protestantes. Ces assertions hautaines, acceptées sans contrôle par une littérature frivole et déclamatoire, n'ont aucune base scientifique et tombent devant l'examen des faits. On regrette de les voir reproduites si complaisamment par des plumes françaises.

Le temps n'est plus, malheureusement, où la France pouvait, confiante dans sa force, errer à l'aventure dans le domaine des idées, et se permettre, en fait de système, toutes les fantaisies. Ou l'épreuve du malheur aura été pour nous complétement stérile, ou nous devons, avec recueillement et sévérité pour nous-mêmes, réviser toutes nos opinions, sans égard pour nos goûts, nos préférences et nos habitudes d'esprit. C'est pour aider à ce travail qu'un voyageur

---

[1] Introduction à l'histoire d'Angleterre sous Jacques II.

présente aujourd'hui cette rapide esquisse sur le Canada français, et qu'il apporte ici le spectacle nouveau, paradoxal d'une nation qui s'est maintenue et développée, malgré la conquête étrangère et mille influences adverses, par la vertu du catholicisme. Dans les peuples, comme dans les familles, la voix du sang a son éloquence : espérons que la France se reconnaîtra dans cette fille, retranchée d'elle depuis plus d'un siècle, et qui conserve si pieusement dans son cœur, l'amour de la mère-patrie. Au sein de nos infortunes présentes, la nation canadienne nous apporte une consolation, car elle est la protestation vivante du droit national contre la conquête; un enseignement, car elle nous montre la force invincible du patriotisme fortifié par les croyances religieuses.

J. GUÉRARD.

<hr>

ERRATUM

Page 9, ligne 42, *au lieu de* : les enseignements de leurs curés à ceux de soldats, *lire* : aux enseignements de leurs curés ceux de soldats.

Paris — E. DE SOYE et FILS, imprimeurs, place du Panthéon, 5.